文化艺术经济学译丛 | 王家新 —— 主编

传媒经济

The Media Economy

Alan B. Albarran　[美] 艾伦·B. 艾尔巴兰　著　　兰培 译　王家新 校

辽宁省版权局著作权合同登记号：图字06-2015-37

Alan B. Albarran: The Media Economy.
Copyright©2010 Taylor & Francis.

Authorised translation from the English language edition published by Routledge, a member of the Taylor & Francis Group.

图书在版编目（CIP）数据

传媒经济/（美）艾尔巴兰（Albarran,A.B.）著；兰培译. 一大连：东北财经大学出版社，2016.3
（2018.7重印）
（文化艺术经济学译丛）
ISBN 978－7－5654－2203－4

Ⅰ.传… Ⅱ.①艾… ②兰… Ⅲ.传播媒介－经济学－研究 Ⅳ.G206.2－05

中国版本图书馆CIP数据核字（2016）第006251号

东北财经大学出版社出版发行
　　大连市黑石礁尖山街217号　邮政编码　116025
　　教学支持：（0411）84710309
　　营销部：（0411）84710711
　　总编室：（0411）84710523
　　网　　址：http：//www．dufep．cn
　　读者信箱：dufep @ dufe．edu．cn
大连图腾彩色印刷有限公司印刷

幅面尺寸：170mm×240mm　字数：167千字　印张：15.25
2016年3月第1版　　　　　　2018年7月第2次印刷
责任编辑：李　季　王　玲　　责任校对：那　欣
封面设计：张智波　　　　　　版式设计：钟福建
定价：46.00元

"文化艺术经济学译丛"总序

王家新

　　谈文化艺术经济学，势必要从"文化""艺术""经济"这些范畴开始。一方面，文化与经济是并列关系下的永恒命题，从文化人类学、历史动力学、系统论的视角，可以解析两者共生、互动、一体化的进程。学者们沿着文化与经济这两个维度，在历史脉络中通过种种途径寻求两者融合发展的轨迹。而文化与艺术的关系则是整体与局部的统一，无论文化的定义如何纷繁复杂，艺术作为文化的子系统都是毋庸置疑的。因此，文化艺术经济学可以描述为：一个以经济学为系统工具和参照系，以文化艺术活动为变量和研究对象的经济学分支。其核心问题有二：一是包括艺术在内的"大文化"是如何促进经济发展的；二是如何最大程度地提供文化艺术产品、有效配置其资源的问题。两个核心问题衍生了不同的方法和路径，而这种交叉的、跨学科的研究又开辟了新的领域，由此或许可以阐明这套译丛名为"文化艺术经济学译丛"，而非"文化经济学"或"艺术经济学"的缘由吧。

　　回望文化艺术经济学的发展历程，上述两个核心问题的研究境遇迥异。从文化与经济的二元对立，到因发展不平衡而打破两者的藩篱，夹杂着政治经济学与文化研究的论争，复苏于新经济地理学等为代表的经济学"文化转向"，繁荣于新制度经济学、计量经济学等对新古典经济学的超越。"大文化"促进经济发展问题的视域里硕果累累，包括韦伯（Max Weber）关于文化和宗教对经济体系影响的研究，也包括诺思（Douglass C. North）对意识形态作为合约实施的变量影响经济发展的新锐观点。相比之下，对文化艺术产品生产及文化资源配置的研究则进展缓慢，滞后于日新月异的生产实践。

文化艺术是人类文明演进过程中形成的独特精神资源。长期以来，由于文化艺术对经济社会发展的作用不同于其他要素，是以一种潜移默化而不是剧烈的方式，通常在深层次而不是浅层次上施展其巨大的影响力，因而未从实践和学理上得到应有的重视。进入工业革命后，产业分工格局逐渐形成，自伏尔泰抛弃"桂冠诗人"的封号而投身出版业开始，文化艺术品也被纳入大规模工业化生产体系，如古典音乐被制成唱片、名家绘画被仿真复制并广泛传播，使高端精神消费从宫廷、贵族进入中产阶级乃至寻常百姓家。20世纪后期，信息技术广泛应用于文化创作、生产、分配和消费的各个环节，进一步推动了文化大众化趋势。新一代消费者大量使用互联网、移动电话和数字化媒体，不仅扩展了自身文化体验的范围和方式，而且从文化信息的被动接受者转变为文化内容的主动创造者，文化对经济社会的渗透力、影响力在裂变式扩大增强。在欧美、日韩等国家和地区，文化产业早已成为支柱性产业甚至是第一大产业，其对 GDP 和就业的贡献率不容小觑。我国在实现建设社会主义文化强国战略目标的进程中，文化产业成为国民经济支柱性产业，亦即其增加值超过 GDP 5%将成为最醒目的里程碑。原来习惯说"文化搭台，经济唱戏"，现在看来文化本身就是一台戏，是新的经济增长点，是转变经济增长方式的重要抓手，是满足新民生的重要内容，是一个国家软实力和综合实力的重要体现。可以说文化艺术产业已经成为以创新创意驱动为特征的现代经济的重要组成部分。

经济学的任务是辨析事实、指向未来，经济学从未放弃对文化艺术这一"非经济因素"进行经济学分析和探索，这固然可以视作"经济学帝国主义"的不断扩张，但追根溯源是因为经济学本质上对理性和效率的偏好。早在庸俗经济学时期，萨伊（Jean Baptiste Say）、西斯蒙第（Sismondi）、李斯特（Friedrich List）就开始了对文化艺术生产问题的探索。到了古典经济学时期，休谟（Hume）、杜尔哥（Turgot）、亚当·斯密（Adam Smith）都从经济学的角度对文艺问题进行了思考，约翰·罗斯金（John Ruskin）更是明确主张将文化与艺术价值放在经济理论分析框架内，这些思想产生了深远的影响。然而，文化的使用价值如同人类赖以生存的水和空气一样不可须臾或缺，其交换价值又如钻石般弥足珍贵、不可复制，文化这种兼具钻石和水的特征的价值悖论现象，使得经济学无法使用既有标准化程式对其进行阐释，制约了这一领域理论研究的进展。真正标志着文化艺术经济学发展成为经济学领域跨学科研究的一个重要分支的，是1966年美国经济学家威廉·鲍莫尔（William J.Baumol）和威廉·鲍恩（William B. Baum）发表了《表演艺术：经济的困境》。在此之后，文化艺术经济学以美国为中心迅速彰显起来，众多的经济学家加入到讨论中，标志性的专著也随之出现，如1976年布劳格（Mark Blaug）编著了第一本文化艺术经济学读本，而索罗斯比（Charles David Throsby）和威瑟斯（Clen Withers）合写了第一本文化艺术经济学教科书《表演艺术经济学》。经过数十年的积累，西方学界逐步建立了比较完备的研究体系和框架，初步改变了文化艺术经济学理论滞后于实践、滞后于经济学其他学科的窘境。

文化艺术经济学在诞生伊始就肩负着鲜明的现实指向：在研究内容上，西方文化艺术经济学基本形成了以表演艺术经济、博物馆经济、电影经济、视觉艺术经济、数字艺术经济为核心的基础框架；在研究方向上，形成了艺术经济学特殊本质和特征研究、艺术与社会发展之间的关系研究，以及基于艺术行业特性的政府公共政策研究三个基本方向。其中，政策导向成为了西方艺术经济学的突出特点，这是由于文化艺术生产和消费对经济社会发展的作用日趋重要，文化经济政策的决策过程也变得更加复杂，深度了解这些趋势的成因、把握其规律，对相关政策决策将大有裨益。经济学不仅为文化政策制定提供必要的知识框架和分析工具，还可以形成具有实际意义的政策建议，有利于文化政策在经济价值和文化价值之间找到结合点。事实上，近年来西方文化艺术经济学的发展，很大程度上受到参与拟定政策者的推动，即英国学者贾斯汀·奥康纳（Justin O'Connor）所谓的"知识掮客"（knowledge intermediaries）。最具代表性的就是撒切尔夫人时期用文化与艺术促进城市复兴的政策导向，以及1997年工党赢得大选后提出的发展创意产业的议题。

然而，文化艺术经济学不是西方独有的命题，早在唐宋时期我国书画市场就已十分成熟，在米芾的《画史》《书史》《宝章待访录》等著作里可以看到历代皇室、豪门贵族及士大夫、寺观僧道乃至小工商业者经营、消费活动的记载。但是，我国现代文化艺术经济学研究起步较晚，在迅速发展的进程中必然要吸收借鉴西方国家的研究成果。事实上，1986年《国外社会科学文献》所译介的法国学者梅西隆（H.Mercillon）的"艺术经济学"一文，对我国20世纪80年代初期的艺术经济学研究产生了深远影响。而今，随着全球化进程加快和文化艺术产业的发展，文化艺术经济学也随之兴起，必将成为我国综合学术研究趋势下的一个重要新兴领域，并在现实语境中逐渐寻回自己理论探索的志向。我国经济发展已转向扩大内需，引导、挖掘人们对文化艺术领域的巨大需求，并把这些潜在精神文化需求转化为有效的市场要素和新的经济增长点,是推进文化产业成为支柱性产业、转变经济发展方式的重要途径。同时,中央对推进文化产业实现跨越式发展的战略部署,国务院学位委员会《学位授予和人才培养学科目录(2011年)》的相关修订和调整,对文化艺术经济学教育和研究提出了新的、迫切的现实需求。

正是为了满足新时期、新形势下拟定政策、指导实践、培养人才的需求,东北财经大学出版社秉持"高雅、高端、高瞻"的出版人文理念,引进西方文化艺术经济学理论研究的最新成果,推出了"文化艺术经济学译丛",作为完善我国文化艺术经济学的重要知识参考和研究依据。编者从普林斯顿大学、剑桥大学、布伦伯格等大学和专业出版社出版的众多书籍中,遴选出具有代表性和影响力的新书,洽谈版权,协商翻译事项,全面启动丛书的编译出版工作。所选著作内容涵盖当代艺术品市场、文化政策、艺术金融、文化遗产等诸多领域,具体考察文化艺术在国外特别是发达国家运作的实际情况,相关政策议题具有前瞻性、创新性。东北财经大学出版社一直以"集结全球智慧、凝聚智识人生"为己任,引进出版了1 000多部国外财经类图书,这个书系是东财版财经译著的新成员,相信会对当代文化艺术经济学教育产生信息共享、知识溢出、协同创新效应,对我国文化产业发展发挥积极的推动作用。

习总书记在党的十八大闭幕时的记者见面会上说,我们的责任,就是要团结带领全党全国各族人民,接过历史的接力棒,继续为实现中华民族伟大复兴而努力奋斗。任何事业都是这样,要传承、要开拓,要站在巨人的肩膀上创造自己的高度。或许这套译丛所选择的未必是文化艺术经济学中最好的、最重要的著作,但相信终有一天,会有更适合我国文化艺术实践、足以确立文化艺术经济学学科地位的代表性著作由此诞生。这正是我们编译这套译丛的初衷所在。

　　传媒产业被誉为21世纪的"朝阳产业"，是文化产业的核心组成部分，在舆论传播中具有主导地位，蕴含巨大的经济和社会价值。十余年前，新闻集团董事长默多克在中央党校发表《文化产业的价值》演讲时说："对于任何一个21世纪先进国家而言，一个强劲繁荣的传媒产业不仅仅是有利可图的，而且是必不可少的。书籍、报纸、电影、杂志和电视，这些都远不止是闲暇的消遣，它们是一个民族参与世界范围伟大思想交流的必经之路。"改革开放特别是文化体制改革以来，我国传媒产业发展步入快车道，在创造了广泛社会效益的同时，释放了巨大的经济潜能。《中国传媒产业发展报告（2015）》显示，2014年，我国全年传媒产业总值首次超过万亿元，较上年同比增长15.8%。在经济社会发展的新阶段，传媒产业以其低污染、低耗能、高产出、高效益的特点，日益成为新的经济增长点、经济结构战略性调整的重要支点、转变经济发展方式的重要着力点。党的十八届五中全会站在全面建成小康社会决胜阶段的高度，把文化产业成为国民经济支柱性产业作为"十三五"时期经济社会发展的目标要求。加快发展文化产业已成为国家战略，列入党和政府的重要议事日程。可以预见，传媒产业作为国民经济的新生力量，在满足人民群众日益增长的精神文化需求的同时，将为推进供给侧结构性改革、提升国家软实力提供更加重要、更加有力的支撑。

我国传媒产业植根于特殊的发展环境，在其发展由自发走向自觉的过程中，传媒经济研究发挥了重要的推动作用，并在与实践的互动中不断拓展、延伸和深化。1978年财政部批准《人民日报》等8家新闻单位实行"事业单位，企业化管理"，1979年又发文重申并在全国新闻媒体中推广这一管理模式。在这一时期，我国就出现了关于传媒经济的早期研究，并对"广播电视经济""出版经济""报业经济""电影经济"等概念进行了讨论。20世纪90年代以后，传媒经济研究逐渐活跃，并开始从市场经济的层面对传媒产业发展的根本性、规律性问题进行探究。在这一阶段，一些传媒企业在证券市场成功上市，迈出了我国传媒企业借助资本市场发展壮大的第一步，表明此前的相关研究和探讨已获得有关方面的认可。进入21世纪，传媒经济研究渐成体系，学科建设的系统性、规范性进一步提升。特别是文化体制改革启动后，实践探索对理论支撑产生了强烈需求，为传媒经济研究提供了更加广阔的空间。在相关研究不断深化的过程中，广泛学习、借鉴国外既有研究成果，不仅是学科建设的需要，也是实践发展的要求。

国外的传媒经济研究始于20世纪50年代，早期学者主要关注于报业竞争和广播电视结构及管制等问题。从70年代开始，越来越多的经济学和管理学学者开始关注传媒领域，对传媒消费、产业组织、竞争、集中和垄断等问题展开了研究。1987年，在罗伯特·G.皮卡德(Robert G. Picard)等人的倡导下，《传媒经济学学刊》（*Journal of Media Economics*）在美国创立。到了90年代，新的概念和方法不断涌现，战略分析、价值探讨、定价问题、国际化问题等新的议题被引入这个领域。在这一时期，迪士尼、时代华纳、新闻集团等大型传媒集团的全球扩张，不仅推动了传媒产业结构变迁，而且对世界文化发展格局产生了深远影响。21世纪以来，在大数据、云计算、物联网等新兴技术推动下，传媒产业发生深刻变革，媒体已经成为集内容、技术、服务于一身的综合供应商，传媒经济研究被寄予更高希望，面临更大的机遇和挑战。近些年来，传媒经济研究的国际交流也日益频繁，传媒经济教育得到很大发展，许多传媒经济研究成果和教材在世界范围内广泛传播。这其中，一些有影响的西方传媒经济学著作也被译成中文，为我国的相关教学、科研以及传媒市场改革和体制转型提供参考。2006年，第七届世界传媒经济学术会议在北京召开，这是该会第一次在亚洲以及发展中国家举行，并把会址选在了中国，表明了世界传媒经济学界对中国传媒业发展及传媒经济学研究的关注和重视。本部译著的作者艾伦·B.艾尔巴兰（Alan B. Albarran）既是第七届世界传媒经济学术会议的顾问，也是对传媒经济研究作出重要贡献的国际知名学者。

艾尔巴兰是美国北得克萨斯大学广播电视电影系教授，他在皮卡德之后，担任传媒经济领域享有国际声誉的学术刊物——《传媒经济学学刊》的主编，他还是世界传媒经济学术会议指导委员会委员，在传媒经济学领域中一直具有重要学术地位。艾尔巴兰教授著述颇丰，曾出版了《社会传媒产业》《电子媒介经营管理》《21世纪的传媒产业》等多本著作，且《全球传媒经济》《传媒经济与管理学导论》《传媒经济学（市场、产业与观念）》等著作已由我国学者翻译并在国内出版。与其他著作相比，本书从不同层面对传媒产业及其运行活动进行了深入浅出的分析，详细阐释了传媒在整个经济体系中的角色和作用，试图从新的视角全面审视和探究传媒经济。首先，本书从宏观层面把握传媒经济，分析传媒经济研究的理论和方法，解读传媒经济领域的关键概念。其次，从市场演进和平台拓展的角度，进一步分析传媒经济的内在特性和发展趋向。再次，作者分别研究了科技、全球化、管制以及社会因素对传媒经济的影响。最后，在探究传媒经济中的财务、估值和投资问题以及劳动力问题之后，作者展望了传媒经济发展的未来。

　　传媒经济学作为一门交叉学科，既离不开新闻传播学的基本理论，也离不开经济学的分析方法。从既有成果、学科建设和实践发展的角度看，尤其需要进一步引入经济学相关理论和方法作为支撑，本书即是在这一方面的又一努力和尝试。全书框架清晰、视角开阔、语言精练、通俗易懂，既着眼理论又观照实践，作者以其对学理的深刻认识和对业界的精准把握，为如何定义和分析传媒产业提供了新的参考，可供政策制定者、理论研究者、实务工作人员、低年级研究生和本科生以及其他对传媒经济有兴趣的人员参阅。希望本书的出版能为相关人员学习和工作提供帮助，为我国传媒经济理论研究及实践发展略尽绵薄之力。由于译者水平有限，译文中不妥或错误之处在所难免，敬请广大读者批评指正。

译　者

2016年1月1日

　　《传媒经济》一书试图从 21 世纪的视角全面审视和探究传媒经济。在最初几十年的研究中（约在 20 世纪 50 年代至 90 年代），传媒经济的研究视角往往是单一的，如关注特定的传媒行业，或是某个具体的实践领域，或是特定的国家（如美国）。我早期关于此学科的研究和著述也陷入了这一范式，我的研究成果一定程度上也反映了整个行业的研究现状。

　　自 20 世纪 90 年代起，由于全球化、管制调整、社会发展以及科技创新等因素的影响，传媒产业（以及整个世界）显然经历了前所未有的巨变和革新，这使得传媒经济领域的研究人员不得不采用更宽广的视角来观察变化中的世界。因此，传媒经济研究显然要涉足更广阔的领域，因为它与众多社会层面的活动息息相关。

　　《传媒经济》期望能为该学科研究打开新的视阈，区别于以往学者、政策制定者的研究及方法。"传媒经济"是一个很宽泛的概念，涵盖了该学科的各个方面。本书重点关注传媒经济发展的主要驱动力及其相关理论，并运用这些理论对传媒经济运行进行分析。书中用以阐述主要观点和概念的案例来自各个相关国家。

　　本书可供研究和教学之用，研究人员可通过新的视角深化对传媒经济的认识，教学人员可将其作为初级和中级课本，向大学及研究生层面的学生讲授传媒经济或传媒管理课程，或是用于传媒领域的有关研讨班。我写作的目标是尽可能清晰地表达理念，因此风格也是简约而明了的。

　　本书共12章，每章均以学习目标开始，问题讨论结束。前5章对传媒经济分析做了介绍和铺垫，并在对市场及其演变的讨论中引入了有关理论和概念。第6至9章探讨了传媒经济发展的主要驱动力，包括科技创新、全球化、管制调整和社会发展。第10章关注财务、估值和投资。第11章讨论传媒经济中的劳动力问题。第12章作为最终章节，总结并为今后的研究提出方向。

致　谢

　　本书在我著述的职业生涯中耗时最长，但这并非我的初衷。我原本打算在2009年将本书出版，但因一系列私人事务耽误了出版计划，直到2009年末才完成全书写作。在2008年4月至2009年7月这18个月间，我的母亲和妻子Beverly的母亲相继离开人世，妻子的孪生兄弟不幸去世，爱宠也离我们而去。在悲伤的岁月里，是我们对上帝的信仰支持并鼓励着我们，家人和朋友也支撑着我们前行，但我的写作和研究终归还是搁浅了一段时间。

　　同时，我深深感谢劳特利奇出版社的编辑Linda Bathgate，她既是本书的编辑也是我的挚友，感谢她善解人意地给予我充足的时间来完成本书。Linda，唯有"衷心感谢"方能表达我的情意。同样也要感谢Linda的助手Katherin "Kate" Ghezzi在我写作本书及其他项目中给予的帮助和支持。

　　感谢我在北佛罗里达大学的朋友David H. Goff博士帮我审阅其中的一些章节，并提供了宝贵的建议。感谢北得克萨斯大学管理人员的支持，特别是广播电视电影系的Melinda Levin，为我提供了休假的机会，以便使我能在

2008 年秋专心从事本书的写作。感谢北得克萨斯大学的在读研究生、研究助理 Brian Hutton，帮助查找和更新本书中多个章节的数据。另外，我还要感谢一个北得克萨斯大学的前同事 Fang Liu 博士（现为 Allison Fang Scott 博士），帮助我为书中的两章提供了初稿。

　　最后同样重要的是，我要感谢我的妻子、灵魂伴侣 Beverly，感谢她在我创作本书时给予我的一如既往的爱与支持。

艾尔巴兰

北得克萨斯大学

2009 年 12 月

目　录

第1章
认识传媒经济

本章中你将学习到：

- 如何定义传媒经济；
- 影响传媒经济发展的主要因素；
- 研究传媒经济的宏观和微观视角；
- 传媒经济如何影响国内生产总值。

1.介绍

传媒经济研究需要有全方位、整体性的视角。前人对传媒经济的研究视角常常是单一的,然而,由于全球化、管制调整、社会发展和科技进步,传媒经济研究需要更广阔的视角,涉及更宽宏的层面。

本书从新的视角研究了传媒经济。传媒产业是大多数发达和发展中国家经济发展的推动力量之一。传媒本身也在不断变革演进,愈发明显的碎片化和数字化已让所谓的"传统"传媒研究边界消失殆尽。电视、广播和报纸不再是单一运作的媒体,而是通过多种传输平台提供内容的媒介。

本书的一个重要方面是分析传媒经济的主要驱动力,包括传媒经济的相关理论及其应用。为了定义传媒经济,我们首先需要对经济学有一个基本了解。

2.经济学概述

经济学研究始于17世纪,建立在供给和需求概念的基础之上,它最简单的形式就是,供给方利用有限的资源创造产品和服务,以满足消费者的需求。应用到传媒产业,供应商就是电视台、广播电台、出版社等。消费者主要有两大群体,即观看、收听和阅读其内容的实际消费者,以及购买媒体的时间和空间以接触消费者并销售其产品和服务的广告商。

从研究视角看,经济学在传统上分为宏观经济学和微观经济学,传媒经济学研究也延续这一传统。宏观经济学从整体上分析经济体系，研究范围一般为一个国家甚至全球层面。宏观经济学包含多个研究议题，如经济增长指标（利率、货币供应量和就业机会）、经济政策（泛指调节经济运行的各种公共政策）以及由国内生产总值（GDP）和国民生产总值（GNP）衡量的国家生产和消费水平等。

微观经济学以更为具体的视角研究经济体系中特定方面的经济活动，如单个市场、企业和消费者。微观经济学研究的议题诸如市场结构、企业行为等。在后面的内容中我们将更详细地讨论这两种维度的经济分析。

3.什么是传媒经济？

对于传媒经济，我们需要一个广泛而具有包容性的定义。我们将传媒经济定义为"运用宏观经济学和微观经济学视角的理论、原则和概念，研究传媒企业和产业在外部因素（全球化、管制、科技和社会）影响下，如何在不同层面（全球、国家、家庭和个人）活动和运行"。

3.1 传媒企业和产业

现在，为了更好地理解传媒经济这个宽泛的概念，我们将对各个关键要素进行逐一分析，首先来看传媒企业和产业。传媒企业是以盈利为目的的传媒经营实体。传媒企业既可以是公众企业（即上市公司，由股票持有者和股东拥有），也可以是私人企业（由股东拥有但不发行股票）。公众企业包括时代华纳（Time Warner）、迪士尼（Disney）、索尼（Sony）和新闻集团（News Corporation）等大型传媒集团，也包括只在一两个传媒市场中经营的企业，如甘尼特（Gannett，经营出版和电视）和赛嘉（Saga Communica-tions，经营广播）。传媒领域的私人企业包括贝塔斯曼（Bertelsmann）和清晰频道（Clear Channel）等。

产业是提供相同或相似产品的生产销售群体。康卡斯特（Comcast）、时代华纳（Time Warner）等从事有线电视经营的企业是有线电视产业的成员；直播电视（Direct TV）和艾科思达（EchoStar）是卫星电视产业中的竞争对手；美国电话电报公司（AT&T）和威瑞森（Verizon）是电信通讯产业中的佼佼者，同时两个公司都提供多频道电视服务。因此，传媒产业的一个独特性就在于其市场和领域的不断发展变化。如今传媒企业会和不同市场、不同领域中的企业相互竞争、共同发展。

3.2 运行层面

运行层面是传媒经济定义中的另一个重要方面，用以描述传媒产业活动和发展的范围领域。举例来说，像维亚康姆（Viacom）、迪士尼（Disney）、时代华纳（Time Warner）、新闻集团（News Corporation）、贝塔斯曼（Bertelsmann）和索尼（Sony）这样的大型企业，为世界各国提供传媒产品和服务，其竞争是在全球层面展开。在国家层面，广播、网络、杂志等一些企业主要专注于国内市场，努力将业务覆盖至整个国家。

家庭层面往往会产生大量传媒消费，但这一情况也在不断发展变化。拥有多种接入设备和平台的家庭可以接受来自众多传媒企业的内容产品。这些设备有：电视机和收音机、DVD 和 DVR 播放器、台式和笔记本电脑、宽带和无线家庭网络。同时，家庭的概念也在不断变化，从传统的家庭到单亲家庭甚至单身家庭。家庭在传媒经济中至关重要，它反映了传媒产品的支出及各种内容的使用情况。另外，作为整体经济的一部分，一个家庭的收入水平往往可以反映其大致的消费方式。

　　最后，个人在传媒经济中的作用愈发重要。即使是在传统的家庭，家长和孩子在对传媒产品的关注、使用和时间分配上也各有不同。我们每个人一周都只有168个小时。如何选择将时间花费在与传媒相关的活动上其实是一种经济行为，经济学家称之为*配置*。

　　传媒经济的一个发展趋势是，个人在传媒消费上拥有越来越多的选择和机会。伴随互联网和文件共享成长起来的年轻观众喜欢在手机和电脑屏幕上观看内容，而年纪稍大一些的观众则喜欢通过传统的电视机，或者更高级一些的大屏幕设备来观看节目。像iPod这样的Mp3播放器能够回放从网上下载下来的视频、音频内容；智能手机除了打电话以外，还可以浏览网页、使用应用软件、播放音乐、照相、发送信息和邮件；Facebook和Myspace这样的社交网站允许人们在朋友间分享亲密的想法、感受和传媒内容，另外还能制造"流行语"，传递最新的产品和服务；Twitter是另外一个个人和企业均受用的社交网站，YouTube等其他服务商还具有用户同他人分享自创内容的功能。

　　随着传媒经济的不断发展，个人可以完全支配自己的传媒消费——需要什么、何时需要以及通过何种渠道获得。这些重大变革打破了传统的商业模式（我们会在下文中继续讨论），迫使广告商不断地重新评估它们的市场策略和行为。同样的，传统媒体也不得不对此作出反应，以免完全被市场抛弃。

　　传媒经济的这些活动层面还在不断发展。在任何时候，传媒企业都在和不同层面的客户打交道。传媒企业面临的一个巨大的挑战就是如何成为多平台的企业，以便接触到各个层面的消费者。对于传媒企业而言，这本身就是一项艰巨的任务，加上传媒经济同时还受多方因素影响，完成这项任务更加不易。

3.3 其他影响因素

在传媒经济中，有四个影响因素值得关注，即全球化、管制、科技和社会因素。由于每个因素后面都会独立成章进行讲解，在这里我们只作简单介绍。

全球化是传媒经济的重要驱动力。对于传媒产业，全球化（一个具有多种不同含义的词汇），发生在传媒企业跨越国界为其他国家和市场的消费者提供产品和服务的过程中。最初，传媒全球化意味着在全球范围内销售内容产品，最早的实践开始于好莱坞电影，后来拓展到电视节目。美国是世界上最大的传媒内容出口国，人们对其全球影响力的关注也不断提升，并产生了"文化帝国主义"的观点（Jayakar & Waterman，2000）。

全球化同样发生在传媒企业收购他国资产之时。新闻集团最初是澳大利亚的一家报纸企业，相继收购了英国、美国的一系列报纸企业，其后又收购了一系列的电视台并在基础上发展成为福克斯电视网（Fox TV Network）。索尼也是通过收购哥伦比亚三星（Columbia Tristar）和米高梅（MGM）而进入了国际传媒市场。

传媒企业在他国设立分支是全球化的另一个形式。尼尔森是一家专注于提供各种类型市场研究服务的私人公司，业务遍及全球100多个国家。迪士尼在全球多个城市建立了主题公园，并在拉丁美洲设立了战略基地。作为全球图书出版界的领头羊，贝塔斯曼通过遍布各地的出版机构构建起全球范围内的运营体系。

每个国家都有不同的管制方法。通过制定政策和实施监管，政府要求企业遵守特定的运营规则。不管在哪一个国家，多数企业自身并不愿意受到政府的约束。但是，管制对于建立和保持公平竞争、保护劳动者和消费者的权益具有重要意义。同时，通过征税获得收入也是保障政府履行职能的客观要求。

多年来，许多发达国家都放松了对传媒产业的管制，从实施严格的约束转向了多种形式的解除管制和自由化。自20世纪80年代以来，美国和英国不断放松传媒产业管制（特别是在媒体所有权方面），其他国家也在不同程度上纷纷效仿。然而在某些地区（如中东、亚洲），严格的传媒产业管制依然存在。

科技进步在推动传媒经济发展的同时也打乱了原有产业格局。接收和发送方面的技术创新一直处于飞速发展的状态，日新月异的技术进步迫使传媒企业不断紧跟潮流，努力把握消费者的最终消费选择。数字环境打破了传统的商业运作模式（Downes，2009），在模拟时代，传媒企业控制着内容和传播渠道，而在数码时代，这些限制不复存在。

对传媒企业来说，开发新的商业模式和收入来源是适应市场形势发展的首要任务。在消费者看来，如今的技术设备很可能会在几个月内过时，被其他更为先进的产品取代。然而，纵观产业全局，科技创新对于传媒企业和消费者的影响还是利大于弊的。科技产品使人们能够更快速、更便捷地获得信息和娱乐内容，iPod、DVR、智能手机等都是备受大众欢迎的科技产品。

社会因素也在传媒经济中发挥重要作用。观众不再是一个巨大的整体，而是分化为许多有着不同人口结构、不同兴趣、不同生活方式聚集起来的小群体。观众群体的构成几乎每天都在发生变化，美国和其他许多国家的社会结构日益表现出多元化和多样性。婴儿潮出生的那一代人正在老去，人们的寿命和工作时间普遍更长。年轻人更愿意了解科技产品，更希望通过新的渠道获取信息和娱乐内容。

在数字时代，由于信息和娱乐内容发布渠道的开放和多元，受众市场细分现象愈加明显。这促使传媒企业加大市场研究力度，以便更好了解消费者需求，为广告商提供更可靠的服务。在传媒发展史上，现今的观众拥有比任何时期更多的主动性，他们不仅能消费内容产品，还能以多种方式创造自己的产品，不管是通过博客、播客，还是上传视频和参与社交网络等，社会发展已成为变革传媒经济的另一个驱动力。

3.4 宏观经济学和微观经济学视角

传媒经济定义的最后一个方面就是运用宏观经济学和微观经济学的理论、原则和概念。在本章的前面我们介绍了宏观经济学和微观经济学的研究视角，指出了两个理论维度的主要差异。

传媒经济学通常从微观经济学的视角出发，着眼于单个企业和行业的研究。在出版研究方面，微观视角的研究更是占据了重要地位。尽管我们生活在一个传媒日益全球化的时代，不同地区的经济活动彼此影响，但宏观视角的研究并未引起学者足够的兴趣。

接下来的部分，我们将从宏观经济学的视角探讨一个重要的研究问题：传媒产业对于一个国家的经济到底有怎样的重要性？这个问题属于国家层面，由于是从宏观经济学的视角研究问题，让我们首先来回顾这方面现有的研究文献。

4.宏观经济学和传媒产业

宏观经济学研究涉及许多不同议题，比如经济增长、就业趋势、总生产和消费以及通货膨胀等（Albarran，2002）。受到凯恩斯经济学创始人约翰·梅纳德·凯恩斯（John Maynard Keynes）著作的影响，在20世纪50年代和60年代，宏观经济学成为西欧和美国政府制定财经政策的重要工具。

凯恩斯最具影响力的著作《就业、利息和货币通论》（1936）提出了一种现代经济理论，阐释政府通过支出和税收来稳定经济的思想。凯恩斯认为，当私人支出不足并可能产生经济衰退时，政府应增加支出并减少税收；反之，当私人支出过高并可能导致通货膨胀时，政府应减少支出并增加税收。凯恩斯的理论（关注于总支出的决定因素），至今依旧是宏观经济学分析的基础。在2008年的全球金融危机中，政府出台了大规模刺激计划以重振极度萧条的经济，这让凯恩斯的理论和著作赢得了新的赞誉。

其他学者也通过对相关课题的研究推动了宏观经济学的发展（Ekelund和Hebert，1990）。这些学者包括欧文·费雪（Irving Fisher 货币、价格和计量分析）、克努特·维克塞尔（Knut Wicksell 公共选择）、庇古（A.C.Pigou 福利经济学）和米尔顿·弗里德曼（Milton Friedman 消费分析和经济政策）。

当将宏观经济学分析应用于传媒产业时，除了政策和管制方面以外，其他领域的文献数量相当有限。政策研究通常试图分析现有市场和产业中特定管制行为的影响。例如贝茨（Bates）和钱伯斯（Chambers，1990）研究了放宽广播管制的经济影响，福特（Ford）和杰克逊（Jackson，2000）研究了美国有线电视领域的政策选择，麦克希尔（Machills，1999）研究了政府管制如何影响法国的有线电视系统，奥厄斯（Owers）、卡维思（Carveth）和亚历山大（Alexander，2004）研究了宏观经济的概念及其在传媒产业中的应用。就业方面，艾尔巴兰（Albarran，2008）和哈伍德（Harwood，1989）两人分别选择特定传媒产业，对劳动就业趋势进行了描述性分析。

国内研究方面，戈夫（Goff，2002）考察了英国、西班牙、法国和德国电信运营商的宽带政策。荣格（Jung，2004）分析了美国广告企业如何通过并购或合资进入外国市场。陈奥姆斯特德（Chan-Olmsted，2004）调查了造成韩国和美国宽带网络发展差异的影响因素。索恩（Sohn，2005）对美国、日本、英国和法国的卫星广播行业进行了比较。柯林斯（Collins）和莱特曼（Litman,1984）比较并总结了加拿大和美国的有线电视行业的节目和发展，认为两国有线电视行业的差异来源于其在国内不同的经济地位、文化特质和监管政策。

总之，以上内容表明，将宏观经济学应用于传媒产业方面的文献仍相当稀少。在本章接下来部分中，我们将通过案例，并运用宏观经济学概念来分析传媒产业在几个不同国家经济中的重要程度。

5. 20国集团

我们通过各种渠道收集了大量的宏观经济数据，用以分析20国集团各成员国的经济状况。20国集团成立于1999年，前身为7国集团（加拿大、法国、德国、意大利、日本、英国和美国）。7国集团最初是世界领先的工业国家为加强经济合作而成立的国际组织。1999年，由于普遍意识到全球经济合作的重要性，7国集团增添了新的成员并发展为20国集团。1999年加入的国家和区域组织有：阿根廷、澳大利亚、巴西、中国、印度、印度尼西亚、墨西哥、俄罗斯、沙特阿拉伯、南非、韩国、土耳其和欧盟。但是，考虑到欧盟虽属于20国集团但并非一个国家，因此本章的数据分析中并未包含欧盟。

在分析传媒产业如何影响GDP时，我们参考了两个数据源。美国中央情报局的《世界概况》（2009a）提供了世界各个国家的经济数据，尤其是描述性数据和统计。出版物《数据监测》（*Datamonitor*）是另一个数据源，每年公布一份传媒产业的概况，包含20国集团中的15个国家。该出版物将传媒定义为广告、出版、广播电视、电影和娱乐市场，其中没有包含电信行业。

5.1 经济指标

在本部分研究中，我们通过多个经济指标具体分析每个国家的经济状况，这些指标有GDP、GDP增长率、人均GDP、通货膨胀率和失业率。我们从美国中情局《世界概况》中收集到了2008年各个国家的宏观经济数据。

美国中情局《世界概况》（2009a）把GDP定义为"一定时期内一国在其境内生产出的全部最终产品和劳务的市场价值"。人均GDP是"以购买力平价为基础的GDP与总人口相比进行计算"。通货膨胀率是指"消费价格相较于此前一年的变化比率"，失业率为"失业人口占总人口的百分比"。

表1.1比较了2008年20国集团中各国宏观经济指标情况。从表中我们可以发现，在2008年，以购买力平价计算，美国以14.26万亿美元的GDP成为世界上最大的经济体，之后依次为中国（7.97万亿美元）、日本（4.33万亿美元）、印度（3.3万亿美元）和德国（2.92万亿美元）。除了前五名之外，其他国家的GDP从俄罗斯的2.27万亿美元到南非的0.49万亿美元不等。

在所有国家中，中国的GDP增长率最高，为9%，而意大利的GDP增长率最低，为-1.0%。在人均GDP方面，情况则有所不同，最高的五个国家依次为美国、加拿大、澳大利亚、英国和德国，而中国、印度尼西亚和印度则位列最后三个国家。俄罗斯的通货膨胀率最高，其次为南非和土耳其。此外，在失业率方面，当年最高的为南非、沙特阿拉伯和土耳其。

表1.1　20国集团各成员国主要经济指标（2008年）

国家	GDP (万亿美元)	GDP增速（%）	人均GDP（美元）	通胀率（%）	失业率（%）
加拿大	1.30	0.4	39 100	2.4	6.2
法国	2.13	0.3	33 200	2.8	7.4
德国	2.92	1.0	35 400	2.7	7.8
意大利	1.82	−1.0	31 300	3.4	6.8
日本	4.33	−0.7	34 000	1.4	4.0
俄罗斯	2.27	5.6	16 100	14.1	6.4
英国	2.23	0.7	36 500	3.6	5.6
美国	14.26	1.1	46 900	3.8	7.2
中国	7.97	9.0	6 000	5.9	4.0
巴西	1.99	5.1	10 200	5.7	7.9
墨西哥	1.56	1.3	14 200	5.1	4.0
阿根廷	0.57	6.8	14 200	8.6	7.9
澳大利亚	0.80	2.3	38 100	4.4	4.2
印度	3.30	7.4	2 900	8.3	6.8
印度尼西亚	0.91	6.1	3 900	9.9	8.4
沙特阿拉伯	0.58	4.2	20 500	9.9	11.8
南非	0.49	3.1	10 100	11.3	22.9
韩国	1.33	2.2	27 600	4.7	3.2
土耳其	0.90	1.1	11 900	10.4	10.7

来源：CIA（2009a）

5.2　GDP排名前五位国家传媒产业概览

我们选择20国集团中GDP排名（基于购买力平价）前五名的国家，对其传媒产业进行分析。首先来看美国，2008年，美国传媒产业创造了3 793亿美元的收入，占全球传媒产业总收入的40.4%，成为全球传媒市场的最大贡献国（Datamonitor，2008）。2004年至2008年间，美国传媒产业一直保持

2.5%的复合年均增长率。美国最著名的传媒企业包括时代华纳（Time Warner）、迪士尼（Walt Disney）、康卡斯特（Comcast）、新闻集团（News Corporation）以及 NBC 环球（NBC Universal）等。

中国是世界上第二大经济体，其传媒产业在 2008 年创造了 598 亿美元的收入，并在 2004 年至 2008 年这 5 年间保持了强劲的增长势头，复合年均增长率达到 11.9%。中国传媒产业中出版业比重最大，总收入 315 亿美元，占传媒产业总收入的 52.7%。

日本 GDP 总量全球排名第三，其传媒产业在 2004 年至 2008 年间保持了缓慢增长，2008 年传媒产业的总收入为 952 亿美元。索尼是日本最大的传媒企业，其次是游戏企业任天堂。

印度 GDP 总量达 3.3 万亿美元，其传媒产业在 2008 年的总收入为 167 亿美元，在 2004 年至 2008 年间，复合年均增长率达到 10.1%。其中出版业总收入 64 亿美元，占传媒产业总收入的 38.12%，在传媒产业中比重最大。印度著名的传媒企业有时代集团（Times Group）、新德里电视台（New Delhi Television）以及 Zee TV。

德国是欧洲最大的经济体，其传媒产业在 2008 年的总收入为 635 亿美元，在 2004 年至 2008 年间增长趋平，复合年均增长率仅为 0.6%。贝塔斯曼（Bertelsmann）以及阿克塞尔·施普林格（Axel Springer）是德国最著名的两家传媒企业。

5.3 传媒产业数据分析

现在我们进一步分析一下这些国家的传媒产业数据，据此衡量各国传媒产业发展状况，数据范围主要包括：1）各国固定电话、移动电话、广播电台、电视台以及互联网用户的数量；2）特定年份各国广播、电视、出版、电影等传媒市场的总收入及其占 GDP 的比重，这两项数据分别从绝对值和相对值两个方面衡量传媒产业对一个国家经济的重要程度。

表1.2是2008年各国传媒产业的有关数据。其中，中国的固定电话、移动电话、互联网用户数量最多，美国的电台数量最多，俄罗斯的电视台数量最多（大部分电视台属于因地理原因设置的中继站）。尽管在解读这些数据时必须把人口等其他因素考虑在内，这些数据还是为我们提供了了解这些国家传媒产业的一个视角。

表1.2　20国集团各成员国传媒产业数据（2008年）

国家	固定电话 （百万）	移动电话 （百万）	调幅 广播电台	调频 广播电台	电视台	互联网用户 （百万）
加拿大	18.25	21.5	245	582	148	28.0
法国	35.9	59.3	41	3 500	584	31.3
德国	51.5	107.3	51	787	373	42.5
意大利	20.0	88.6	100	4 600	358	32.0
日本	47.6	110.4	215	89	211	88.1
俄罗斯	44.2	187.5	323	1 500	7 306[a]	30.0
英国	33.2	75.6	206	396	940	40.2
美国	150.0	270.0	4 789	8 961	2 218	223.0
中国	365.6	634.0	369	259	3 240	253.0
巴西	41.1	150.6	1 365	296	138	50.0
墨西哥	20.5	75.3	850	545	236	22.8
阿根廷	9.6	46.5	260	1 000[b]	42	9.3
澳大利亚	9.4	22.1	262	345	104	11.1
印度	37.5	427.3	153	91	562	80
印度尼西亚	30.4	140.6	678	43	54	13
沙特阿拉伯	4.1	36	43	31	117	6.2
南非	4.4	45	14	347	556	5.1
韩国	21.3	45.6	96	322	57	35.6
土耳其	17.5	65.8	16	107	635	13.1

注：[a]包含了中继站，并非全部是独立电视台

　　[b]根据多方数据来源估算

　　来源：CIA（2009a）

5.4 传媒产业收入与 GDP

一国传媒产业收入占 GDP 的比重可以用来说明传媒产业对该国经济的影响程度。表 1.3 列示了各国传媒产业收入、GDP 以及传媒产业收入占 GDP 的比重这三项指标。总的来说，这一比重在各国情况各不相同，印度仅为 0.51%，而英国为 2.73%。相对来说，原七国集团成员国的传媒产业收入占 GDP 比重较大。

表 1.3　传媒产业收入占 GDP 比重

国家	传媒产业收入 （10 亿美元）	GDP （万亿美元）	传媒产业收入 占 GDP 比重
加拿大	19.4	1.30	1.49
法国	38.4	2.13	1.80
德国	63.5	2.92	2.17
意大利	29.5	1.82	1.61
日本	95.2	4.33	2.20
俄罗斯	15.7	2.27	0.69
英国	61.0	2.23	2.73
美国	379.3	14.26	2.66
中国	59.8	7.97	0.75
巴西	18.6	1.99	0.93
墨西哥	12.3	1.56	0.78
阿根廷	N／A	0.57	N／A
澳大利亚	13.3	0.80	1.66
印度	16.7	3.30	0.51
印度尼西亚	N／A	0.91	N／A
沙特阿拉伯	N／A	0.58	N／A
南非	N／A	0.49	N／A
韩国	24.1	1.33	1.81
土耳其	N／A	0.90	N／A

注：N／A 表示相关数据缺乏

来源：CIA（2009a）；Datamonitor（2008a，2008b，2008c，2008d，2008e）

为了更深入地分析这些数据，我们将美国作为一个研究对象，表1.4显示了过去30年美国传媒产业对该国经济重要性的变化情况，这些数据是在沃特曼（Waterman）2000年研究基础上所做的进一步延伸。

表1.4　美国传媒产业收入（10亿美元，1977—2008年）

行业／项目	1977年	1987年	1998年	2008年
无线电视	7.6	22.6	39.2	46.4
有线和卫星电视	1.2	12.6	49.0	117.6
家庭录像租售		5.7	16.9	22.4
影院	2.4	4.3	7.0	9.8
广播	2.6	7.2	15.1	19.5
报纸	13.5	37.4	54.0	34.7
杂志	4.0	10.5	20.4	33.5
图书	5.1	11.7	23.0	25.0
唱片	3.5	5.0	13.7	8.5
互联网			12.6	23.4
传媒产业总收入	39.9	117.0	250.9	379.3[*]
美国GDP规模	2 031.4	4 742.5	8 759.9	14 260.0
传媒产业占GDP比重	1.96%	2.47%	2.86%	2.66%

注：*表中传媒产业总收入数据来源于信息服务公司Datamonitor，各子行业收入数据来源于各行业协会。表中各子行业收入加总与Datamonitor公司的调查数据存在一定差距。为保持与上文相关部分的一致性，传媒产业总收入一项采用了Datamonitor公司的数据

来源：Waterman（2000）；CIA（2009a）；Hoover's（2009a，2009b）etc

美国传媒产业占GDP比重从1977年的1.96%增长至1998年的2.86%。然而，1998年至2008年尽管该国传媒产业的绝对收入从2 509亿美元增长至3 793亿美元，传媒产业占GDP比重却从2.86%降至2.66%。美国传媒产业增长速度一直在减缓，1987年较1977年增长了193%，1998年较1987年增长了

114%，而2008年较1998年仅增长了51%。

值得注意的是，表1.4显示了除报业和唱片业外，美国传媒产业各领域收入都在逐年增长。报业的衰落是由于发行量的减少，而唱片业不景气则是由于数字传播的普及以及盗版对于唱片业传统商业模式的冲击。此外，图书和影院等一些行业增长相对平缓，而有线和卫星电视以及互联网行业则增长强劲。

6.结论

在20国集团成员国中，有4个国家的传媒产业对GDP的贡献率超过2%，5个国家的贡献率超过1%，其余国家的贡献率不超过1%（另有5个国家的数据没有披露）。2008年，美国GDP总量最大，传媒产业总收入最多，但传媒产业占GDP比重排名第二，为2.66%；英国传媒产业占GDP比重为2.74%，排名第一；日本为2.20%，排名第三。排名靠后的三个国家中，中国和俄罗斯的比重分别为0.75%和0.69%，印度为0.51%，排在最后。

至于各个具体行业，收入最大的两个行业分别为电视业（包括无线和有线电视）和出版业，这也反映了这两个行业在整个传媒产业中的重要地位。通常，这两个行业占到一国传媒产业总收入的50%，甚至更多。例如，在2008年，德国的电视业和出版业占该国传媒产业总收入的85.2%。

美国、英国、日本的传媒产业主要由私人企业主导，而俄罗斯等国家则相反。俄罗斯对资本主义采取了开放态度，并积极参与全球经济合作，但其传媒系统仍主要由政府方面控制。

值得注意的是，美国传媒产业占GDP比重为2.66%，这与其他一些主要行业占比不相上下，例如服装业2.7%，燃料工业2.4%。传媒产业贡献的3 790亿美元收入无疑成为国家GDP的一个重要贡献，与其他消费行业占有同样重要的地位。但在观察期内，美国的传媒产业收入增长率有所减缓，在未来10年，这一趋势可能还将进一步延续。

在此案例分析中，中国、墨西哥、巴西等新兴经济体的传媒产业占GDP比重有望获得快速提升，而日本、英国、德国、法国等国可能会步美国后尘，增长率趋于减缓，加拿大和意大利也是如此，增长率甚至可能更低。俄罗斯等国的传媒产业如果能向更多的私人资本和外资开放，其传媒产业占GDP比重可能会迅猛增长，但这其中牵涉到很多政治问题，这些国家的传媒产业如果要真正释放出经济潜力，还需要进行相当大规模的改革。

由于传媒产业收入国际数据资源的匮乏，这方面研究往往具有很大挑战，但既有数据分析结果业已证明了传媒产业对一国经济的重要性，传媒产业（至少在美国如此）和其他关键行业（如服装业、燃料工业）重要性不相上下。当然，这方面研究只分析了传媒产业的产值，并没有把传媒对消费者意识、消费支出及其他经贸活动的更广泛影响考量在内。如果包含上述方面的话，传媒产业的真正影响将更难以计量，其影响对所有国家来说可能都比现在大。

7.本章小结

本章对传媒经济进行了总体介绍，并对20国集团作了案例分析，以便理解传媒产业对一国经济的重要性。

本章对传媒经济的各个方面进行了解读，包括不同层面的活动（如全球、国家、家庭以及个人）以及其他因素的影响（如全球化、管制、科技以及社会）。本章也阐述了宏观和微观分析视角的区别，以及如何从两种视角更好地理解传媒经济。

本章最后从宏观视角对20国集团进行了案例研究，分析了各国的经济数据、传媒数据、传媒产业占 GDP 的比重，并具体分析了美国的各个传媒行业。根据对各国数据的分析，电视和出版是传媒产业中收入最大的两个部分，新兴经济体和发达国家之间的对比也反映了一些问题。

在上述介绍的基础上，下一章将从宏观、微观以及批判视角分析传媒经济研究的各种理论和方法。

8.讨论以下问题

（1）在传媒经济的各个层面（全球、国家、社会、个人）中，你认为哪一个层面最为重要？为什么？

（2）在传媒经济的影响因素（全球化、管制、科技、社会）中，你认为哪一个因素最为重要？为什么？

（3）2008 年金融危机对宏观经济有何影响？各国政府为防止经济衰退采取了哪些措施？

（4）传媒产业对一国 GDP 有积极影响，政府是否应该在传媒产业进行更大的投入？为什么？

（5）随着未来传播渠道的多样性以及受众的日益细分，传媒产业是不是仍会对一国经济产生同样重要的影响？为什么？

第 2 章
传媒经济研究的理论和方法

本章中你将学习到：

- 传媒经济研究的三个学派；
- 分析传媒经济的主要理论和方法；
- 为更好地分析、理解传媒经济，需要进一步发展完善的理论及方法论工具。

在第1章中，传媒经济被定义为运用宏观经济学和微观经济学视角的理论、原则和概念，研究传媒企业和产业在外部因素（全球化、管制、科技和社会）影响下，如何在不同层面（全球、国家、家庭和个人）活动和运行。本章的重点是通过相关理论来帮助我们理解传媒经济。

经济学被认为是社会科学的一部分。在科学研究中，理论是对不同现象之间关系的建构。理论研究通常被认为是抽象的，它不是有形的，也不是看得见摸得到的东西。研究人员通过研讨会、出版物（图书和学术刊物）、学术团体以及互联网等多种渠道来分享他们关于不同理论的研究成果。从解析问题到检验假设，从厘清范畴到界定概念，理论在科学研究方面用途众多，在任何研究领域，理论都是主干和基础。

传媒经济是一个抽象的概念。因此，为了理解传媒经济如何在社会系统中运行，我们需要了解相关的理论基础，这就是本章的目的和意义。

1.研究学派概述

根据Picard（2006）的研究，传媒经济学研究有三种传统路径：理论学派、应用学派及政治经济学派。

理论学派的发展运用了许多新古典经济学（包括微观经济学和宏观经济学）的概念和假设。新古典经济学在20世纪开始崭露头角，日益成为重要的研究领域。新古典经济学关注许多话题，但其核心是研究在市场体系中，特别是在企业层面供给和需求、价格和产量之间的相互关系。

应用学派围绕各种传媒行业及其市场结构探讨议题。应用研究的不同之处在于它通常不是建立在理论基础之上，而是相关行业协会、贸易团体、咨询企业和传媒企业等开展的，以行业为对象、以应用为导向的研究。应用学派也包含微观和宏观的研究路径。对学者来说，其弊端之一是大多数应用研究具有专有性，这也意味着其成果并不能对外公开。

相对于理论和应用学派而言，政治经济学派影响深远，包括将传媒系统视作统治阶级控制工人阶级工具的马克思主义研究、讨论传媒霸权及力量的英国文化研究、所有权研究、科技决定论以及和传媒相关的社会、文化和政治问题研究。

这个简短讨论的汇总见表2.1。这三个学派为研究传媒经济提供了多样化的理论。需要说明的是，在研究运用中不能简单认为哪个学派最优，而取决于具体研究所要解决的问题或所立足的假设，明确这些问题有助于研究方法的运用。如果对传媒经济研究还处于入门阶段，综合运用这三种方法，将会在研究和分析中获得更为全面的理解。

表2.1　研究学派

学派	渊源	分析范畴	研究议题
理论学派	新古典经济学	消费者、企业、市场、产业	供给、需求、价格、产量、弹性、集中
应用学派	产业经济研究，同时也受新古典经济学影响	消费者、企业、市场、产业	市场结构、市场行为、市场表现、多元化、策略
政治经济学派	马克思主义研究、英国文化研究、政治经济学	民族国家、全球	所有权、权力、政策选择、媒体社会文化影响、全球化、福利

2.理论学派和应用学派

本节关注的是理论学派和应用学派中运用于传媒经济研究的有关理论。这两个领域的理论相当宽泛,因此,这里将把重点放在学界已用来推进传媒经济研究和发展的相关内容。在传媒经济研究中,运用不同的技术方法来解决问题和假设将更为有利。

2.1 产业组织理论(IO理论)

产业组织理论,也被称为IO理论,多年以来一直被经济学家和研究人员用来理解和分析众多产业中的市场结构、市场行为和市场表现。该理论也可以称为S-C-P理论,最初由Bain(1959)提出,因其对研究人员的实用性,且为市场分析提供了系统的方法,很多早期的传媒经济学文献都将其奉为理论基础。

研究人员首先利用IO理论研究市场结构(Tirole,1988)。研究市场结构通常使用五个变量:买卖双方在市场中的数量、市场产品的差异性、市场进入壁垒、市场成本结构以及市场纵向一体化的程度(Albarran,2002)。

在IO理论中,一旦确定市场结构,那么该种市场就会被贴上常见的标签,如垄断、双寡头垄断、寡头垄断、垄断竞争、完全竞争等。这几种市场结构可以看作连续体,在此过程中卖家从垄断状态下的一个增加到完全竞争状态下的无限多个。

一旦市场结构确定了,研究人员转而研究买卖双方在市场的行为表现。

市场行为同样包含传统 IO 理论分析涉及的几个变量：定价策略、产品策略及广告、研发、投资、法律策略等。

IO 分析的最后一个方面是市场绩效。衡量绩效的重点通常是财务指标，往往是与同一市场或行业的竞争对手作比较。资源利用效率、技术进步快慢、收入配置公平性等都是产业组织理论分析市场绩效的变量。

从历史上看，IO 理论从微观的角度分析市场，对推动传媒经济研究发挥了重要作用。一些研究集中在某一议题，如市场结构（Bates，1993；Wirth & Wollert，1984），而另一些则涉足了 IO 理论的各个方面（Wirth & Bloch，1995）。IO 理论受到的批评之处在于，一些传媒经济学者过分依赖于 IO 模型，而 IO 模型并不能完全解释新技术及市场融合带来的所有挑战。尽管如此，IO 模型仍是微观经济学理论流派的重要组成部分。

2.2 企业理论

对市场结构研究的不断深入和 IO 理论的不断完善，推动了企业理论的发展。企业理论是 IO 理论的扩展，其意图是更深入理解市场结构的最常见类型：垄断、寡头垄断、垄断竞争和完全竞争。在大多数发达国家，传媒市场以寡头垄断和垄断竞争结构为主（见图 2.1），完全竞争结构（一个例外是互联网行业）较为少见，而垄断结构主要局限于报业和卫星广播等特定行业。

企业理论提供了市场结构的简约分析方法。然而，由于整个传媒产业的快速整合以及与科技的融合，市场结构的概念已经变得越来越复杂。例如，广播市场是否只包括无线电广播？或者其涵盖的范围可以更加广泛，包括高

无限卖家 （互联网）	许多卖家 （杂志）	三到十个卖家 （电视网络）	一个卖家 （报纸）
完全竞争	垄断竞争	寡头垄断	垄断

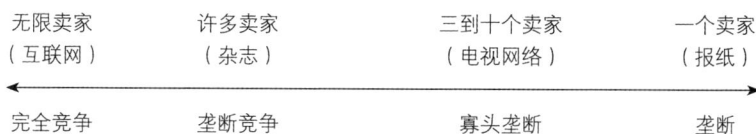

图2.1　企业理论-市场结构

清和卫星广播、网络广播和播客？在21世纪，传媒市场结构不能被片面地贴上广泛或简单的标签。此外，对于一些界限模糊的市场，企业理论发挥的效用仍然有限。然而，企业理论仍然是微观经济学领域的重要理论，推动了该学科的发展和进步。关于上述理论更多的讨论，以及它们如何在传媒经济中演变的有关内容详见第4章。

2.3　相对常数

相对常数理论（PRC）的核心是阐述传媒消费和宏观经济的关系。该理论在20世纪70年代（McCombs，1972）被首次提出，并假定，平均而言，每个家庭花费约3%的可支配收入用于"大众"传媒。相对常数理论已经被应用到包括广告在内的众多领域，同时通过对其他国家传媒支出的研究得到了各种跨文化背景下的验证（McCombs & Nolan，1992）。长期以来，相对常数理论是传媒经济研究中分析传媒消费的主要工具。

然而，由于受众分化以及传媒选择的多元化，传统大众传媒的概念已经泛化，平均3%传媒消费支出的观点也受到质疑。比起相对常数理论刚刚问世的时期，现在有更多的传媒形态可供选择。试问每月的互联网包月服务是否算作传媒支出？购买视频游戏的支出是否计入？由于手机被越来越多地用于与传媒相关的应用，每月月租费是否算作传媒支出的部分？在新兴传媒领域，对这些问题尚缺乏清晰明确的认识。

2.4 传媒企业竞争（和共存）

不同的传媒企业之间如何竞争，这一问题一直引发传媒经济学者的浓厚兴趣。有关传媒企业竞争的许多研究都运用了生态位理论，该理论起源于生物学领域和生态系统研究（见 Dimmick，2003；Dimmick Rothcnbuhler，1984）。生态位理论最初用于研究动物数量与灭绝模式，旨在了解不同物种之间如何为了生存而争夺稀缺资源。生态位理论已被应用于传媒产业，即传媒企业为了获得竞争优势如何互相争夺广告商和受众（类似于稀缺资源）。

生态位理论通过 Dimmick（2003）提出的一系列分析途径，量化传媒企业之间的竞争程度。这些分析包括市场内竞争者的规模、竞争者之间的重叠程度以及一个竞争者相较于其他竞争者的优势等。生态位理论已被证明是在传媒经济中具有重要价值的一个研究方法。

传媒企业竞争的研究通常采取以下两种形式之一：研究一个既定行业的内部竞争，或是研究整个传媒产业间的竞争（Albarran & Dimmick，1996）。关于生态位理论的一个关注点是，我们已经建立了研究行业内竞争的分析框架，但仍缺乏成熟的工具来衡量整个产业内不同行业间的竞争，而这事实上才是传媒经济中多数大型传媒集团的竞争所在。

2.5 注意力经济

在 20 世纪 90 年代，基于注意力这一论题的研究衍生出一个新的研究领域，解决个人如何处理他们遇到的众多信息的问题。根据 Davenport 和 Beck（2001），"注意力是对某一特定信息的心理意焦投注。我们觉察某些事物，关注其中特定信息，然后才决定采取何种行动。"Lanham（2006）进一步补充说："我们周围有太多的信息，不可能注意所有的内容。环顾四周，我们会发现信息过量。"Napoli（2003）研究的观众经济学和这方面的研究也有一定关系。

Iskold（2007）明确了相关性是理解注意力经济的关键，正是因为相关性将信息和个人连接了起来，引发了他们与内容的互动。

关于注意力经济的研究非常适合应用于传媒经济。虽然大部分的注意力经济研究集中在个人层面上，研究人员还是可以研究传媒企业用以提高产品与消费者相关性的策略，也就是不同类型的内容如何获得更多或是更少的关注。在21世纪纷繁复杂的传媒经济中，注意力经济是个新的研究领域，还有很多问题等待我们进行更加深入的探究。

2.6 其他理论

研究传媒经济的理论方法有很多种，其中很多都是IO理论和新古典主义理论的拓展（Wildman，2006）。本节简要介绍学界在研究传媒经济时运用的其他一些理论。

福利经济学是由新古典经济学发展而来的最古老的理论之一，原本用来考察旨在改善社会状况的社会政策及经济决策，福利经济学也被用来分析传媒产业（见Busterna，1988）。

行为经济学试图了解个人或企业的偏好以及形成经济决策的背后缘由，研究经济决策中的心理因素、社会因素和情感因素以及它们对价格和资源配置的作用。

博弈论运用数学模型的集合来分析潜在策略以及市场上各种策略相互作用的可能结果。博弈论推广在一定程度上得益于2001年的电影《美丽心灵》，该电影取材于诺贝尔经济学奖得主，博弈论创始人约翰·纳什（John Nash）的真实生活。

信息经济学研究市场体系中的信息不完整问题。这个理论认为信息具有价值，如果考虑到传媒内容产品和服务也是一种信息形式的话，信息经济学理论特别适用于传媒产业的研究。

最后，交易成本经济学试图探求造成交易不确定性的因素，并尽量减少此类风险带来的成本。这个特别的理论建构具有广泛的应用，已经被用来研究多个产业和市场（Wildman，2006）。

2.7 宏观经济学方法

在许多国家，传媒产业已成为国民经济的组成部分，使得利用宏观经济方法进行传媒经济研究成为可能。如第1章所讨论的，宏观层面的传媒经济研究成果比较有限，上一章我们回顾了相关文献，以下是对宏观层面主要研究成果的简单梳理。

政策研究试图分析管制行为和决策对现有市场的影响（例如，Bates & Chambers，1999；Ford & Jackson，2000；Lutzhoft & Machill，1999）。由于传媒产业受到政府管制，政策制定者的行为直接影响到市场的结构和潜力。

劳动力和就业是最靠近宏观经济学的另外一个研究领域，就业趋势和劳工趋势有助于确定上升行业及衰退产业。由于就业率可能影响消费者支出，就业状况直接影响到一个国家的经济。本书第11章将深入探讨劳动力和就业问题。由于特定行业的就业数据在一些国家可能很难获取，使得传媒经济学在该领域的研究工作更具挑战性。

广告发展趋势是另一个重要的宏观经济指标，并已被许多学者进行了研究（Etayo Hoyos，2009；Picard，2001），此类型研究基于特定行业或世界各国的汇总数据，以确定其与整体经济的关系。

许多政府部门和行业研究机构的数据一致显示，广告收入的大部分来源于三个地区，分别是北美、西欧、日本和环太平洋国家（Chan-Olmsted & Albarran，1998）。一个值得注意的全球趋势是，广告收入正从报纸和电视等传统媒体向互联网转移。这是一个全球性的转变，因为越来越多的广告商逐渐在网络平台和其他数字平台上投入更多的资源。

3.政治经济学派

正如本章前面所提到的，政治经济学派主要关注传媒权力、支配企业的霸权活动以及社会政策等方面，其通常被视为传统传媒经济学的一个独立研究领域。

就这一研究领域的发展来说，政治经济学派本身宽泛化且多样化，并以与主流经济理论的实证方法相对应的形式呈现。大众传媒及其各个具体行业成为政治经济学研究的自然范畴，吸引了来自政治学、社会学、经济学以及新闻传播（如 Croteau & Hoynes，2006）等众多领域的专家学者。下面简要讨论一下这一研究学派的主要研究内容：

马克思主义研究。对政治经济学派影响最大的是马克思的著作，特别是《共产党宣言》（马克思和恩格斯）和《资本论》（马克思）。马克思主义严厉批判了资本主义及统治阶级对工人阶级的压迫，媒体权力、所有权集中等批评研究通常都是马克思主义学派的主要研究内容。

霸权主义关注文化可以被另一个阶级统治或支配的观点。霸权主义植根于马克思主义，得到了意大利哲学家 Antonio Gramsci 的大力推广，并被运用到许多研究领域。在媒体霸权的研究中，一个至关重要的方面是内容产品的出口，尤其是对来源于美国这样国家的产品的出口。政治经济学家认为，西方化的内容产品推广了本土文化以外的道德和价值观，对当地的社会形态造成了破坏。

技术决定论认为科学技术的力量就像社会文化价值一样影响历史进程，但其通常具有社会危害（Smith & Marx，1994）。通信技术的发展（Ellul，1964），经由卫星和互联网，已经毫无疑问使得世界"缩小"，但与此同时也产生了对"数字鸿沟"的担忧，即对科技的不同程度的运用将促使社会等级进一步分化。

应该指出的是，上述对政治经济学派的简单梳理并未涵盖该领域的所有文献。如想了解更多内容，读者可参阅 Garnham（1990），Mosco（2009）和 McChesney（2000）的有关文献，这些资料将为这一研究学派提供一个更加充分的介绍。

4. 传媒经济理论的发展与完善

本章考察了传媒经济研究中理论、应用以及政治经济学派的主要内容，这一系列理论对推动传媒经济研究的不断深入具有重要意义。

然而，在21世纪，影响传媒市场的因素纷繁复杂，这促使我们通过不同的视角观察思考，并最终形成新的研究方法，进一步完善理论假设。当然，这不代表我们所讨论的原有理论不再适用，相反，只有充分利用现有知识体系，才能不断形成新的理论方法，据以探究日益纷繁复杂的传媒经济问题。

4.1 多层面的分析

根据第 1 章，我们知道传媒经济在各个不同的层面运行。对传媒经济的定义中提出这些活动层面包括：全球、国家、家庭、个人（见图 2.2）。但我们仍没有对这些活动进行多层面分析的理论，正如本章之前提到的，大部分理论只聚焦于对单个层面的研究。

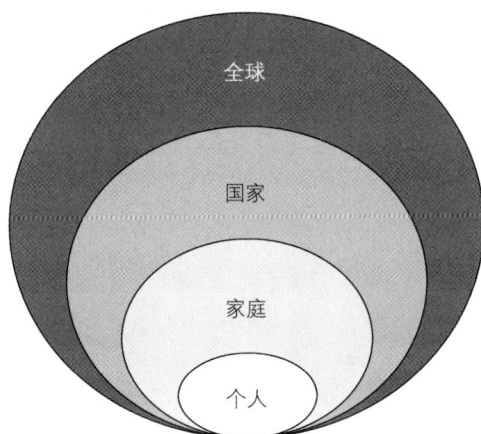

图 2.2　多层面分析

这并不是说所有研究都需要同时考察各个层面的活动，而是必须认识到每个层面都与其他层面密切联系、相互影响，我们需要开展更多反映这一联系和影响的研究。例如，在世界的每一个地区，互联网不断地改变着个人的工作和娱乐方式，这同时又会影响到家庭层面，比如会有越来越多的家庭参与网购——这反过来又会对一个国家层面的商业经济产生影响。在这一过程中，越来越多的广告资金从报纸、广播、电视等传统媒体转向互联网。在全球范围内，我们也能看到广告资金从传统媒体领域流向互联网行业。我们对传媒经济的研究需要反映各个层面的活动，并对这些活动进行关联分析。

当我们把对各层面的分析纳入研究框架后，我们将通过这种整体审视对传媒经济有一个更全面的认识和理解，而不仅仅局限于对某个单一层面的认识。所以，完善传媒经济理论第一个重要步骤就是进行多层面分析。

4.2　传媒市场及其结构的重新定义

传媒经济的复杂性要求我们对传媒市场及其结构进行新的定义。传媒市场通常被认为是单独的"筒仓"，比如报业市场、无线电视市场、有线电视市场等。而事实上传媒企业正转变成多平台传媒企业（见第5章），全天候将信息传输给消费者拥有的不同终端，未来的研究必须体现出这种趋势。因此，在定义传媒相关的市场，以及分析这些市场时，学者们需要面临更大的挑战。

举个例子，2008年7月，经历1年多的等待后，美国联邦通信委员会（FCC）通过了卫星广播公司天狼星（Sirius）和XM的合并计划，组成Sirius XM广播公司。批评者认为该合并会形成垄断，美国市场将只存在一个卫星广播公司。而XM和Sirius则认为它们仍需和地面广播、MP3播放器公司以及网络电台等市场进行竞争。最终，联邦通信委员会站在了XM和Sirius这边，认为传媒市场范围广泛，不仅仅局限于卫星广播。不管你是否赞同FCC的决定，该问题的考量核心是如何定义市场。

如同对市场新的理解，我们对市场结构的理解也必须有所改进。在本章讨论企业理论时，提到使用寡头垄断、垄断竞争等一些抽象标签来定义市场结构。问题在于，这些旧的标签仍来源于单个市场视角的分析，并没有将所有传媒市场的活动包含在内。在传统的市场结构定义方法中，首先要考量的是市场上竞争者的数量。另一个可用以定义市场结构的方法，是通过传媒企业参与的经济活动功能，而不是竞争者数量（例如从内容市场、发行市场、广告市场等方面）来考量（见图2.3）。

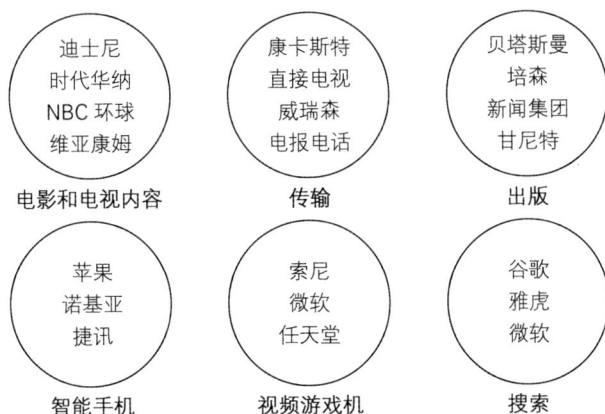

图2.3　通过功能区分传媒市场

尽管这样的分析会增加更多的标签，但却能更好地反映当今传媒经济的现实状况。后面部分将对此作出详细阐述。

4.3　新的理论及方法论工具的完善

传媒经济研究学者应考虑使用多种研究方法来检验新的理论。不同商业结构、不断发展的新技术、政府监管以及社会政策的互动，为我们提供了绝佳机会以发展和阐释新的理论、新的方法。为了达到这一目标，研究者们不能仅仅停留于对某一具体行业结构和发展状况的描述，而要大胆尝试，开展更具开阔性、前瞻性的研究活动。

最终，这意味着应拓展这一领域的研究方法。推动理论研究，必须与完善研究方法和方法论工具紧密结合，尤其值得认真思考的一个方面是，传媒市场集中度测量手段的不断完善。

传统市场集中度测量方法仅对具体的单一市场研究有效，但在现今的传媒领域，众多大型传媒企业跨越很多不同市场，比如迪士尼，它集多重经营于一身：电视、电影、主题公园、零售等。至今我们还没有一个成熟的集中度测量工具以分析跨越多个市场的企业。Albarran 和 Dimmick 首先发现了这一问题，他们提供了一个描述性方案以测量跨行业集中度，但其方法仍需进一步完善。目前，众多传媒企业都同时跨越多个传媒市场，在此背景下，集中度测量方法的发展是十分必要的。同时，这些方法的完善也有助于更好地理解传媒企业的竞争和战略制定等其他要素。

5.本章小结

理论和理论发展对任何领域的研究而言都至关重要。在传媒经济领域，理论通过引入一系列研究维度：市场结构、市场表现、市场绩效、受众行为及偏好等，不断推进现有的媒体与传播研究。

传媒经济学领域的研究可以划分为三个学派：理论、应用及政治经济学派。本章分别对这三个学派进行了探讨，并着重向读者介绍了理论学派和应用学派。

本章从微观视角考察和分析的理论有：产业组织理论、企业理论、相对常数原则、媒体竞争与共存以及注意力经济理论。此外，本章也探讨了其他相关理论，如福利经济学、交易成本经济学等。关于宏观视角的研究，本章回顾了政策研究、劳动就业、广告发展等方面的文献资料，梳理了政治经济学派的主要研究内容。

这些理论为学者和政策制定者们提供了巨大的支持，有利于传媒产业的发展，也有助于我们更好地理解传媒产业。但在21世纪，传媒产业的发展瞬息万变，这就需要我们不断完善传统理论方法，开拓新的研究领域。

因此，未来传媒产业的研究必须从多层面展开，不能只沿袭以往的研究路径，仅关注单一的维度和视角；研究者和政策制定者必须重新定义迅速发展的传媒市场，重新审视传媒市场结构；特别是在市场集中度等研究领域，也必须发展出更好的方法论工具。

6.讨论以下问题

（1）理论在科学研究中是如何运用的？理论试图回答什么问题？

（2）传媒经济学的研究中涉及三个理论学派，它们如何帮助我们理解传媒经济？

（3）本章介绍了一系列传媒经济研究的理论和方法，你觉得其中哪个最受用，为什么？

（4）本章提到传媒领域的研究需要更先进的理论支撑，为什么？其存在哪些挑战？

（5）本章指出方法论工具和理论发展同样重要，为什么？对此你有什么建议？

第3章
理解传媒经济的关键概念

本章中你将学习到:

- 几种不同的经济体制;
- 如何利用供需、价格、弹性、交叉弹性等概念理解传媒经济运行;
- 欲望、需求、效用及价值之间的区别;
- 如何利用配置、横向和纵向合并、竞争度和集中度等概念理解传媒经济。

　　为使读者更好地理解传媒经济，本章对许多关键概念进行了解读。"传媒经济"的定义已在本书第1章给出，本章则侧重从学生、研究人员、从业者及政策制定者的角度出发，给出用以准确理解传媒经济运行的核心概念。

　　拥有经济学知识背景将有助于阅读本书，但本章也会对其中涉及的一些重要概念进行解读。没有任何经济学知识背景的读者可把本章作为阅读其他章节的基础；拥有丰富经济学，尤其是微观经济学知识背景的读者可借本章迅速温故，也可跳至其他章节阅读对传媒经济最感兴趣的方面。此外，本章解读的概念对宏观经济学、微观经济学的研究和分析同样具有意义。

1.经济体制类型

　　经济体制的运作形式取决于该体制中政府的定位。千差万别的文化和意识形态使得世界经济呈现多元化，全球经济正是由世界上这些多种多样的经济体组成的。一般来说，一个国家或经济体的经济体制倾向于以下三种定位中的一种：计划经济、市场经济或混合经济（Albarran，2002）。这三种类型只是抽象化的模型，仅仅代表其经济体制的标签。尽管如此，这种分类方法简单而有效，尤其利于考察政府在其传媒体系中的作用。下面我们将进一步定义这三种经济体制。

　　在计划经济中，政府管控经济活动的方方面面，不存在开放或自由市场。商品的生产种类、数目、价格等所有的经济决策全部由政府掌控。自1989年柏林墙倒塌、东欧剧变和苏联解体以来，计划经济体数目已经减少。朝鲜和古巴是目前仍然存在的两个计划经济体的实例。俄罗斯等其他一些国家，尽管曾经被划分为计划经济体，却在缓慢向混合经济转型的过程中经历了巨变。

另一种经济体制——市场经济，是指商品价格和生产数量不受来自政府的任何干预，而由买卖双方根据公开、自由的竞争市场力量决定的复杂经济系统。现实中，完全不受政府监管和调控、绝对开放的市场经济是不存在的。因此，三种基本经济体制中，市场经济被那些呼吁不受政府干预、绝对自由的市场体系的人理想化了。

混合经济既包含自由市场的原则和理念，同时又有政府监管和调控的特征。英国和美国是混合经济体中拥有最大传媒系统的两个国家。混合经济体中的媒体主要由私人，甚至是外商拥有，而非政府，但这并不意味着政府对传媒产业没有任何影响。欧洲、拉丁美洲、亚洲、非洲等地的许多国家拥有国家或地区的广播电视频道，还会对报纸经营进行补贴。例如，出版补贴在斯堪的纳维亚半岛的瑞典、芬兰和挪威等国就非常普遍（举例参见 Hoyer，1968；Picard & Gronlund，2003）。在许多国家，政府仍保持对一些传媒机构的部分所有权，以确保文化多样性和满足公共服务需求，而非单纯出于经济利益考虑。

以广告为传媒运营主要支撑的经济体无疑是混合经济体。广告是混合经济体制下多数传媒企业使用的经营手段，广告商购买时间（即广播时间）或空间（即出版物或网络空间）以便把观众从对传媒内容的关注中吸引过来。混合经济的另一个特征则是消费者直接从传媒企业购买商品。例如，购买电影票看电影、给家庭音响或 Mp3 购买音乐、订阅有线电视杂志或新闻报刊等，都是直接购买以盈利为目的的私人企业的商品。混合经济通常出现在资本主义国家和地区。

2. 供给与需求

供给与需求是理解经济学和经济活动的两个最重要概念。供给是指生产者在给定市场中能够提供的商品数量。相反，需求是指购买者希望获得的商品数量。供给与需求在市场系统中共同作用、相互影响，决定商品或产品的价格。

传媒产业中受供求关系影响的例子不胜枚举。例如，在电影行业，电影制片企业每年会制作特定数量的影片——供给受制作新片的时间和经费限制。通过票房好坏表现的观众需求，也对电影制片有着影响——这也是我们会年复一年地看到这么多续集的一个原因，比如哈利·波特、X战警等系列影片。在出版业，报纸和杂志会结合内容数量和广告商的需求调整版面大小。广告商需要增加空间，刊物页数就会相应增加，反之则减少。

电视台和电台每天只能播出 24 小时的节目，因此从某种程度上讲，在任何给定时间内可供应的节目数量都受到限制。同样地，电视台和电台每小时只有有限的商业时间（即广告时间），否则会招致观众和听众的不满。

传媒产业与其他行业不同的一个特征在于其产品的反复使用性。电视节目、音乐、电影均可一遍又一遍地反复播放，而不像桶装油或其他商品那样属于一次性消费。传媒内容的产品具有长期增值价值，Anderson（2006）称之为长尾效应。长尾效应模型表现为一条向下延伸的抛物线，类似于需求曲线（见图 3.1），表明随着时间推移，电影、书籍或歌曲在"畅销"阶段后仍然会有长时间的市场需求，特别是来自少数细分市场消费群的需求。对于互联网，由于接入服务器所具有的内容存储功能，在传媒内容的需求上更突显了长尾效应。

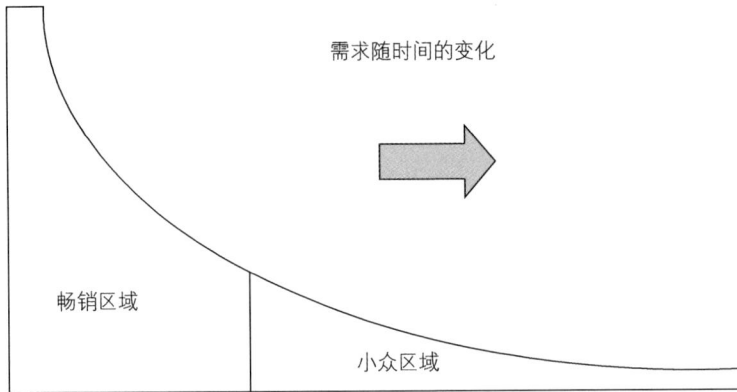

需求随时间的变化

畅销区域

小众区域

图3.1 "长尾效应"的图形描述

3.价格

价格是指受供求决定的商品和服务的货币表现。价格以市场细分为基础，在传媒经济中尤其如此。下面我们将从广告商和消费者的角度深入探讨。

在广告业，广告商会在观众群较大的传媒行业投入更多资金（如电视和报纸行业），而对观众群较少传媒行业的投入则相对较少（如电台）。同样地，广告商在黄金时段中的投入也更多，比如电视节目播出的黄金时段是在晚间，此时拥有的观众最多，而电台的黄金时段为早高峰时段，此时有大批通勤的上班族和学生党。在网络传媒行业，或是搜索资料，或是点击广告，或是注册订阅，消费者轻轻一点鼠标，就参与到市场活动中来。市场方明白，依托诸如《经济学人》和《华尔街日报》等老牌媒体，刊登面向高收入消费群体的广告将要花费更多资金。广告价格的分化，正是基于媒体类型和目标受众而进行的市场细分的结果。

消费者对价格也非常敏感，尽管人们习惯于根据家庭收入将消费群体划分为低、中、高三类，但对消费群体市场仍然可以进行进一步的细分。各层次收入的消费者对价格都很敏感，且收入越低对价格可能越敏感。消费支出因消费者的性别、生命周期、种族、教育背景、家庭规模、地点（住址）等而变化。有些商品的定价针对高端市场（如宝马、梅赛德斯等豪华轿车市场），其他一些商品的价格则是为了吸引低端市场的消费者而设定的（如小型智能车市场）。

从以上例子可以看出，商品或服务的价格导致了广告市场和消费市场的细分。传媒经济中，价格还受到其他一些因素的影响，经济学家称之为需求价格弹性和需求交叉弹性（反映一种商品或服务对另一种商品或服务的替代程度）。

4.需求价格弹性

需求价格弹性概念有助于我们理解价格在经济系统中的变化活动。商品或服务的价格是市场供需作用的直接结果，且由于价格的波动和变化，价格被认为具有弹性。需求价格弹性可用需求量变化的百分比除以价格变化的百分比得到。计算结果大于1.0，则称需求富有弹性；等于1.0，则称具有单位弹性需求；小于1.0，则称需求缺乏弹性。

$$需求价格弹性 = \frac{需求量变化的百分比}{价格变化的百分比}$$

例如，当需求富有弹性时，价格变化会导致需求量一定比例的更大变化，也就意味着收入增加。20世纪80年代个人电脑首次出现时售价不菲，但随着时间的推移，价格逐渐降低，使电脑走进越来越多的家庭。电脑价格的降低意味着销量的增加。在传媒经济中，弹性需求在许多技术消费产品上尤其普遍，例如笔记本电脑、高清电视设备、DVD和Mp3播放器、移动电话等。

单位弹性需求是指价格变化引起同等比例的需求量变化。换言之，不管价格是涨还是落，需求量都随之相同幅度地涨落，因此收益也保持不变。

需求缺乏弹性产生于需求量的变动幅度小于价格变动幅度时。也就是说，当价格下降时，收入也随之减少。通常来讲，不具有替代性的商品和服务都属于此类。

值得注意的是，需求的价格弹性受一系列外生变量的影响，如家庭收入、可替代性、价格的持续性（例如，某一价格维持不变越久，其价格弹性越大）。但传媒经济具有的一个重要特征在于大部分产品具有替代性，这一概念称之为需求交叉弹性。

5.需求交叉弹性

尽管价格弹性有助于我们理解需求概念，但我们也应认识到通常存在可类比并相互替代的产品和服务。这就是需求交叉弹性。需求交叉弹性是传媒经济中颇为常见的概念。

例如，我们驱车前往当地影院观看新片，不巧的是，抵达之后才得知想看的那部影片的电影票已经售罄。我们可以选择掉头回家或进行其他活动，但考虑到既然已经来到影院，许多人会索性选择买票观看其他电影。作备胎的这部电影或许不是理想之选，但作为替代品却可以被人们接受。类似地，用 iPod 或 Mp3 播放器听歌的时候，你或许想听某一特定类型的音乐，所以只会在这一类型的曲目中选择，而忽略下载的其他曲目。传媒产品的自身属性决定了其强大的替代性，即需求交叉弹性。数量庞大的传媒产品种类、形式多样的消费方式使得需求交叉弹性得以普遍化。

争相吸引消费者眼球的传媒企业和广告商对需求交叉弹性表现出浓厚兴趣。因为可供消费者选择的传媒内容之多，使得观众群体的划分越发细化。随着一个又一个新型电子设备和其他新产品走进消费者的生活，消费者可以更加便捷地掌握消费传媒产品的时间、地点和方式，消费群体细分这一问题也被进一步放大。

6.其他需求形式

传媒经济中，除了价格弹性和交叉弹性，还有其他几种形式的需求。其中一种是对传媒内容产品的实际需求。通常，我们认为实际需求是我们在"消费"（看、听、读）传媒内容产品（如电影、电视节目、录音资料、出版物等）时发生在消费者层面的需求。消费者根据对内容产品效用和价值的认知，以及个人偏好和需求对消费的内容进行选择。这些概念将会在下一节介绍。

另一种常见的需求形式来自广告商。广告商有让观众通过消费传媒内容进而了解广告信息的需求，通过购买传媒产品的时间和空间以获得观众的关注。多数广告商并不关注内容，其感兴趣的是观众。因此广告商会充分利用在内容产品中占有的时间和空间，最大化地向观众传播它们的信息。传媒经济中的大部分行业都以广告为主要收入来源（见表3.1）。

传媒经济

表 3.1　部分传媒产业的主要收入来源

产业类型	排名第一的收入	排名第二的收入
地方无线电视	地方广告	国内广告
有线、卫星、网络电视	订阅、付费	广告、设备出租
广播	地方广告	国内广告
电影	票房收入	家庭影院、植入式广告
音乐	消费者购买	使用许可费
报纸	广告	订阅、零售、分类广告
杂志	广告	订阅、零售
图书	消费者购买	使用许可费（电影等）
网络服务	订阅、付费	广告

还有一种形式的需求是对传媒产权的需求。传媒经营主体包括电台、电视台、报社、杂志社、出版社、电影企业、录音企业、搜索引擎和网络服务商等。20世纪八九十年代传媒兼并和收购风生水起，其原因也是多方面的：存在低利率、大量可用资本，以及最主要的一点，即对从事高利润经营活动的巨大需求。表3.2列出了1990年至2008年间一些重要的兼并和收购事件。

表 3.2　传媒产业重要并购事件（1990—2008年）

年份	事件
1990	时代公司与华纳传播公司合并（140亿美元）
1994	维亚康姆收购派拉蒙影业（100亿美元）和百视达公司（84亿美元）
1996	华特·迪士尼公司收购 Capital Cities/ ABC（196亿美元）
1996	时代华纳收购特纳广播公司（75亿美元）
1999	维亚康姆收购 CBS（356亿美元）
2000	时代华纳与美国在线（AOL）合并（1 650亿美元）
2001	NBC公司从维旺迪收购环球公司80%股份（430亿美元）
2004	NBC环球收购 Telemundo（19.8亿美元）
2006	谷歌收购 YouTube（16.5亿美元）
2007	新闻集团收购道琼斯公司（50亿美元）

7.欲望、需求、效用、价值

欲望、需求、效用和价值这四个相互关联的概念主要在消费者层面上发挥作用，它们影响着个人对传媒内容和传媒产品的需求。首先我们来看欲望，欲望简单来说就是我们作为消费者渴望得到的东西。欲望丰富了我们的生活，是一系列广泛的情感表现。它可能是一次愉快的体验，也可能是目标或梦想的实现，还可能是给你带来满足感或帮你省时省力的事物。我们的欲望受到许多因素影响：同事、同学、家人、活动场所（学校、教堂等），尤其受到文化和广告的影响。

需求较欲望更为基础。严格来讲，需求是指我们赖以生存的事物，如衣食、住所、水资源等。我们通过工作或其他方式获得收入，以满足我们自身和家人的生存需求。需求是非常基本的需要，但是在一个富媒体世界中，四处充满的说服性的广告，泛滥的流行文化，往往使人们混淆了欲望和需求。显然，欲望和需求共同驱使许多消费者在五花八门的产品和服务上开销，其中也包括传媒内容产品。欲望与需求也受效用和价值的影响。

效用可以理解为从使用传媒产品和服务中获得的满足感。例如，你喜欢并购买 iPod Touch 可能基于以下一些原因：便于携带、视听效果极佳、操作简单、便于联网等。换言之，iPod Touch 在你收听和观看传媒内容时发挥了很大用处。再比如手机，最初你购买手机是为了和亲朋联络，那些只具备原始功能的手机，它们的效用就受到了限制。如今，我们不仅有最普通的手机，还有苹果、黑莓这样的智能手机。智能手机为消费者带来的效用体现在短信、音视频播放、GPS 定位、数码照相、时钟、计算器、上网和运用各种各样应用软件的功能上。

边际效用论学者对价值的定义是，价值是指我们对某个产品或服务效用的感觉和评价。价值本身是主观的，因为人们对传媒产品价值的认定可能因人而异。一些人或许认为一套DVD影碟或音乐唱片有价值，另一些人或许认为电子游戏或某套丛书有价值。总之，我们根据自身的欲望与需求认定事物的价值。

不同的人生阶段、收入、家庭规模及其他人口因素也影响着人们对欲望、需求、效用和价值的理解。例如，年轻人通常更能从各种技术和媒体产品中感受到价值和效用，而老年人通常不大喜欢技术类产品，而对面向他们推出的特定产品更感兴趣。随着年龄增长，我们的需求和欲望发生变化，我们对效用和价值的感受也在改变。传媒企业需要不断创新内容和产品，以吸引不同层次、不同生活方式的消费者。这对传媒企业而言，既是挑战，也是机遇。

8.配置

配置在经济决策中居于核心位置，传媒经济中的配置是市场各方共同作用的结果。供应方需要根据可支配资源的情况决定单位产品（例如，一部电影、一部电视剧或一本书等）的产量，广告商需要根据战略目标和预算数目决定投入媒体的信息内容。

个人层面也涉及诸多配置决定。消费者根据可支配时间和收入对传媒产品和服务作出配置决定。在美国等发达国家，每年在传媒上的支出都持续增长（详细讨论见第9章），但多数消费者都要受到财力限制，因此他们需要决定在电视（假如订阅了有线电视、卫星或交互式网络电视节目）、出版物、互联网、录音制品、电影、租赁光盘等消费品上的具体开销数目。然而，也许更重要的是，每个人都要受到时间的限制，因为每个人每天只能拥有24小时，每周也只能拥有168小时。

每一天消费者都要在如何花费他们的时间和资金上作出诸多配置决定，这些决定通常受个人习惯的影响，或在不经意间匆匆作出。传媒企业深知拓展新的消费群体的有效办法是将营销（即通过广告、促销和其他方式以引起关注）与品牌（例如，能让消费者一下子记住的品牌标志、定位宣言等）相结合。每一天，商家们都绞尽脑汁想方设法使自己的产品从众多同行中脱颖而出，一切努力都是为了影响消费者的配置决定。在竞争激烈、高度分化的传媒市场中，如何准确感知消费者的心理并影响其配置决定，业已成为商家面临的前所未有的挑战。

9.横向一体化与纵向一体化

横向一体化与纵向一体化是传媒企业用以创造市场竞争优势的战略手段。这两个概念都不难理解，但这两种形式通常只为大型企业和企业集团所运用。我们先来看看横向一体化。

9.1 横向一体化

一家企业进军不同的市场时采用的战略就是横向一体化。假如一家企业只生产一种产品或只活跃在一个市场，我们可以称其为一维活动。例如，一家报纸出版商只出版报纸，而没有其他产品，在此情况下，这家企业的收益和命运就全都维系在"报纸"这一项业务上。

如果一家企业拓展经营，进军其他市场领域，那么它实施的就是横向一体化，也就是说该企业的收益（和亏损）将由多个市场决定，一些领域或许表现良好，另一些则不然。人们普遍认为横向一体化是可以帮助企业在经济周期中平稳度过市场波动期的有效策略。

在此意义上，横向一体化也被看作多元化的一种形式。一些专家学者对传媒企业的多元化现象进行了研究。Dimmick 与 Wallschlaeger（1986）对电视网络控股企业的多元化活动进行了研究；Albarran 和 Porco（1990）对企业在付费电视市场中的多元化进行了研究；Chan-Olmsted 与 Chang（2003）研究了跨国传媒企业在市场中的大量相关产品；Kranenburg、Hagedoorn 和 Pennings（2004）则研究了大型出版企业的相关多元化策略。

1980年至2000年间，许多企业通过不断增加的兼并收购推进横向多元化战略。受兼并收购影响，一些企业由于基础资产的调整而经历了重大变革。20世纪80年代华特·迪士尼公司收购 Capital Cities/ABC 之前，迪士尼制片厂是该公司唯一的传媒资产，如今迪士尼已跻身世界最大传媒企业之列。时代华纳起初只是一家出版一种杂志——《时代》的企业，如今已成为全球最大的传媒企业之一，市场涵盖出版、电影、电视、音乐等众多领域。

9.2　纵向一体化

纵向一体化表现为企业试图控制传媒产业链的各个环节（创作、生产、传输、播映）。通过对这些环节的全盘掌控，企业从理论上可以最大限度地杠杆化利用它们的资产，开展众多交叉经营和交叉营销，以期获得产业链各环节的更多收益，甚至提高市场份额。Chipty（2001）和 Waterman（1993）

对纵向一体化开展了两项研究。

20世纪80年代时代公司与华纳传播公司合并成立时代华纳,此次纵向合并引发了极大关注。20世纪90年代初该公司又收购了特纳广播公司及其旗下全部资产(如CNN、TNT、TCM等知名企业),极大地增强了其资产实力和纵向一体化能力。

时代华纳具有综合经营的能力:通过它的华纳兄弟电影公司制作电影;通过它的杂志和其他出版物引起观众对电影的注意和兴趣;通过它的卫星电视频道的专题报道等平台开展交叉营销;利用HBO家庭影院和Cinemax电影频道在院线下档后继续播放影片。

此后,多家企业集团从不同程度上对时代华纳纷纷效仿,诸如维亚康姆、迪士尼和新闻集团,这些公司都追随时代华纳的脚步建立起了纵向一体化式的企业集团。

直至21世纪初,纵向一体化的拓展才逐渐式微。尽管纵向整合的可能仍然存在,但实际操作的难度已大大增加。维亚康姆是首个解体的企业集团,解体后的维亚康姆变成了CBS和"新"维亚康姆两家公司,这也终结了它纵向一体化的努力;迪士尼出售了部分资产,以集中精力发展娱乐体育节目电视网ESPN和电影等核心产业;时代华纳也在2009年将其有线电视部门分离为独立的公司。

回顾近几十年的历程,纵向一体化对传媒企业而言并不能算是一个非常成功的策略,但同时它又是一个代价高昂的策略——耗费通常数十亿甚至数百亿美元。进入21世纪,传媒企业纷纷分离非核心资产,而致力于打造强势品牌,提升核心业务的市场份额。与此同时,一些新生的传媒企业,以谷歌为代表,试图通过向与互联网相关的各个领域拓展实现另一种形式的纵向一体化。依托于在搜索功能上的成功,谷歌进一步发展了谷歌邮箱、谷歌文档、谷歌地图、谷歌地球等服务，至 2009 年底还推出了一款智能手机——Droid，成为苹果手机和黑莓手机的有力竞争者。

10.竞争与集中

竞争与集中是另一组帮助我们理解传媒经济运行的关联概念。竞争度是指竞争者对同一资源的竞争程度，运用到传媒经济中，传媒产业竞争的资源是观众和广告商，观众和广告商是传媒产业赖以生存发展的两个必要资源。

企业的竞争决策属于战略管理的一部分，Porter（1980）将其描述为企业为寻求相对于竞争对手的优势所作的决策。Dimmick（2003）及其同事开展了大量关于传媒产业竞争的研究，很多研究将生态位理论运用于传媒经济，相关内容已在第 2 章中讨论。随着互联网和多媒体数字平台的诞生，对观众和广告商资源的竞争也呈现出前所未有的激烈程度。

竞争也受到政策制定者和监管者的关注，以确保各个市场领域的充分竞争，从而促进消费者作出最优价格选择。竞争与集中的概念直接相关。集中反映市场结构的特征，这方面内容在第 2 章企业理论部分已经介绍。完全垄断状态不存在竞争，然而随着竞争者数量的增加，市场结构将逐渐朝寡头垄断、垄断竞争和完全竞争演进。

监管者面临的最大的难题之一是如何衡量竞争程度。曾经，传媒市场作为并不复杂的单一市场，其竞争度不难衡量。进入 21 世纪以来，市场界限逐渐被打破，跨领域的经营活动日益频繁，如何衡量竞争度给监管者提出了难题。人们为了评估市场竞争度建立了一些度量工具，常见的测量手段包括以下几种：

●行业集中度。行业集中度通常通过测量排名前四或前八位企业的合并市场份额来评估市场集中度，因此也被称为 CR4 或 CR8（Albarran，2002）。如果前四位企业的市场总份额不低于50%或前八位企业的市场总份额不低于75%，则该市场被认为具有较高集中度。

●洛伦兹曲线。洛伦兹曲线图的一条轴代表市场份额，另一条轴代表企业数量，通过图形直观反映市场竞争度（Albarran，2002）。两轴中的曲线偏离斜率45°均等线（表示市场份额绝对平等）的程度可直观反映市场份额配置均衡情况。洛伦兹曲线仅限于一定企业数量的情况，具有一定局限性。

●赫芬达尔－赫希曼指数（简称HHI）。HHI是一种更加复杂的用于评估竞争程度的手段，其计算方法是一个行业中各市场竞争主体所占市场份额的平方和。HHI值大于1 800，为高度集中的市场；大于或等于1 000且小于或等于1 800，为中度集中的市场；小于1 000，为非集中市场。HHI被美国司法部反垄断司用作评估兼并与收购对市场集中度影响的指标。

Noam（2009）的著述是迄今为止关于媒体集中度最详实的研究，在日新月异的传媒市场中，为不断寻求评估市场集中度最优途径的政策制定者和学者们打开了一扇窗口。Noam通过建立新的评估模型详细分析了美国传媒产业的集中度，该模型引入两个新的变量——市场壁垒的减少和规模经济的增加，并分析了这两个变量是如何随时间变化影响传媒产业的，此项研究意义非同寻常，对于深化传媒市场集中度的认识是不可多得的成果。

11.本章小结

本章对传媒经济中的一些关键概念进行了介绍，首先讨论了现行的三种经济体制（计划经济、市场经济和混合经济）。

随后，着重从传媒经济角度介绍最基本的经济学概念，即供给与需求，并辅以例证。由供需与价格的紧密联系，引出价格概念，并从消费者和广告商两个层面解读了价格概念。由此再引出对需求的价格弹性和需求的交叉弹性的讨论，然后又从其他角度对需求进行讨论，包括对媒体内容的需求、广告需求、媒体所有权的需求等。

之后从消费者层面介绍欲望、需求、效用和价值的概念及其对理解消费行为的意义，并提出配置概念，从供应商、广告商和消费者个体角度指出其在经济决策中的意义。

最后对一系列重要市场变量的概念进行介绍。首先是横向一体化与纵向一体化，其次是竞争度和集中度，以及二者之间的关系，同时对衡量竞争力的方法进行了回顾，并对这些方法在瞬息万变的市场中的局限性进行讨论。此外，还简要讨论了 Noam（2009）在衡量市场集中度的问题上提出的新模型。

需要指出的是，本章讨论的概念并不涵盖传媒经济的全部范畴，但相关讨论无疑为理解后续章节提供了重要的知识基础。下一章我们将带着本章所学深入探讨传媒市场，之后还将对技术、全球化、管制、社会等因素对传媒经济的影响分章节逐一进行讨论。

12.讨论以下问题

（1）为什么混合经济是世界上最主要的经济体制类型？

（2）价格是一个关键的经济学概念，在传媒经济中价格是如何决定的？在给信息产品和娱乐产品定价时，传媒企业需要考虑哪些因素？

（3）广告在传媒经济中扮演什么角色？其对传媒产业有怎样的支撑作用？

（4）本章介绍了需求与欲望的概念，电影、音乐制品、电视节目、杂志等传媒产品属于需求还是欲望的范畴？为什么？

（5）横向一体化和纵向一体化如何影响市场竞争度和集中度？传媒集中度提高会引发什么问题？

第4章

市场不断演进的传媒经济

本章中你将学习到：

- 何谓"双重"产品市场；
- 用于定义传媒市场的传统方式，包括企业理论；
- 传媒市场结构如何不断演进；
- 传媒经济中影响市场的各种因素。

在前一章理解传媒经济的理论和概念的基础上，本章将聚焦于市场本身，以及在21世纪市场是如何不断发展的。在经济学术语中，"市场"在传统上被理解为买卖双方决定商品价格、进行商品交换的场所。想象一下这种持续了数世纪的活动，商人和农夫带着他们的待售货物来到市集，与有购买意图的消费者讨价还价并达成交易。

如今，上述类型的市场活动依然存在于华尔街及其他遍布全球的经济中心。传媒经济中的市场是涉及广告、内容、技术等许多供应和需求要素的集合。在传媒经济中，市场活动发生在企业和企业之间，消费者和企业之间，甚至消费者和消费者之间（参照表4.1）。市场交易可以在实体场所，也可以通过基于互联网交易（电子商务）的网络空间进行。

表4.1 传媒经济中的市场活动

市场类型	市场活动示例
企业和企业（B2B）	传统媒体和网络媒体的广告、直接投资、信贷、合伙、合资、兼并和收购
企业和消费者（B2C）	购买书籍、杂志、报纸、电影票、音乐制品、数字内容产品；任何涉及消费者直接从传媒企业购买商品的行为
消费者和消费者（C2C）	易趣等拍卖网站、亚马逊等提供二手市场的网站、社交网站等

1.认识传媒市场

通常，传媒经济领域将传媒市场理解为产品维度和地理维度的组合

（Picard，1989）。产品维度是指报纸、杂志、音乐制品、电影、电视节目、播客或是其他与传媒相关的产品。地理维度反映的是产品生产和供应的地点，其包含的范围从本地传媒产品（例如报纸、广播）到全球市场传媒产品（例如电影、电视节目和音乐制品）。

根据Picard（1989）的描述，传媒产业的独特性在于，其具有为两个不同但相关的市场提供产品的能力，即受众市场和广告主市场，这就是所谓的"双重"产品市场。并非所有的产业都能实现广告销售，但是几乎所有的传媒产品都具备广告能力（参照表4.2）。此外，传媒产业的另一个特性是能够重复使用，将其再次销售给不同的观众和广告商。传媒产品的这种重复利用性因数字化技术的发展而不断加强，使得产品的获取和使用更加便利，然而，也使其更容易遭受盗版和剽窃的侵害。

表4.2　广告支撑型传媒产品示例

传媒类型	传媒产品
电子媒体	广播、有线电视、卫星电视、IPTV等
出版物	报纸（日报、周报）、杂志
互联网	搜索引擎、网络电视、门户网站
新媒体/数字平台	播客、博客、社交网站、智能手机

2.定义传媒市场的传统方式

在分析师、学者和学生关注传媒市场定义的同时，监管者和政策制定者在如何定义市场上同样扮演重要角色，他们希望能够提高市场的竞争并抑制反竞争的行为，这是混合经济体国家中典型的公共政策目标，也就是通过建立指导原则，限制市场垄断行为，实现市场竞争的最大化，以使得消费者受益。

历史上，传媒市场通常根据其产品和地理维度、竞争和集中程度而定义。这样的分析范式也开辟了依照市场结构来定义传媒市场的传统，即主要沿着从"垄断"到"完全竞争"的一个连续过程定义市场活动的理论建构（Gomery，1989）。我们来简要地分析这些市场标签：

● *垄断*。当某种产品仅有一个卖家且市场上没有类似的替代品时，垄断现象就出现了。由于没有竞争者，市场价格由垄断者设定。

● *双头垄断*。双头垄断意味着一个市场空间中只存在着两个竞争者且市场被这两家企业"瓜分"。这个时候价格由两家企业设定并相对接近。双寡头企业相互依赖，也就是说一家企业的行为势必会影响另外一家。

● *寡头垄断*。寡头垄断状态包含着控制市场的少量卖家，竞争者数量通常维持在3到10名之间。产品趋于同质化，价格由领先企业设定，其他企业跟随制定但通常差别不大。在寡头垄断市场中，这些企业在商业运作和市场行为方面被认为是相互依赖、彼此关联的，因为每家企业都控制着一定比例的市场份额并且希望维系住自己的这部分份额。

● *垄断竞争*。这种情况下会出现许多卖家和供应商，它们的产品虽然相似但并不是彼此最理想的替代品。由于该结构下市场竞争激烈，价格是由市场力量和企业自身共同决定的。

● *完全竞争*。即市场中有众多的供应商同时提供同一款产品，每一款产品都可以轻易地被其他产品替代，并且没有一个单独的卖家能对其他卖家产生影响。这个时候价格就完全由市场决定。

图4.1阐释了主要传媒行业与各类市场结构标签的匹配情况。然而，采用这种方式定义市场存在的问题是，由于各个传媒行业也在不断地进行自我重新定义，使得人们很难将其统一纳入某一具体市场结构中。垄断市场曾经盛极一时，但在科技、监管和全球化的冲击中已经消失（在后面的章节中还会进一步讨论）。现在除了互联网，整个传媒经济中已经不存在完全竞争的状态了。

互联网	杂志	电视网络 电影制片	有线及 卫星电视	报纸
完全竞争	垄断竞争	寡头垄断	双头垄断	垄断

图4.1　传统市场结构及其代表性传媒行业

采用该种定义方式的另一个挑战是，关注点仅放在了国内市场，或是Albarran & Dimmick所指的行业内活动。如果我们采用一个严格的定义，例如美国境内的英文广播网络，那么这个市场只会包括为数不多的几家企业：ABC、CBS、NBC、Fox、CW和MyTV。假如这些企业仅仅参与到广播市场中，此种定义方式还是可行的，但我们知道，他们都通过众多渠道而不仅仅是广播进行广泛的内容传输。事实上，大部分的传媒企业都试图使其在行业内或是水平方向上的市场份额最大化。

传媒企业目前已同时参与到众多市场之中，例如新闻集团①，它是世界

---

①　译者注：2013年6月，新闻集团将出版业务和娱乐业务分离，正式分拆为新的新闻集团和21世纪福克斯公司，默多克接任两家公司的董事长，以及21世纪福克斯公司的首席执行官。

上最大的传媒企业之一，由默多克先生担任首席执行官。新闻集团参与到电影娱乐、广播电视传输、节目制作、杂志、报纸、图书、信息服务等众多的市场领域。在这些细分市场中，新闻集团还参与了众多二级市场。对于像新闻集团这样参与到多个市场的情况而言，我们应该如何定义市场呢？如果站在监管者的角度又该如何定义呢？

在早期的50年中（约1948年至1998年间），我们用垄断、寡头垄断、垄断竞争和完全竞争等经济学术语来描述传媒市场还恰如其分，但现在却越来越凸显其局限性。对于今天的传媒企业而言，这些术语已经不能全面准确地反映其在市场中的经济活动，尤其是那些拥有众多传媒品牌和产品的传媒企业。因此，另辟蹊径，重新定义传媒市场已势在必行。

3.传媒市场结构演进

事实上，许多传媒市场在演进中呈现出一种更普遍的市场结构（在传媒产业高度集中的国家尤其如此）——混合型的市场结构（兼有垄断竞争和寡头垄断特征的市场形态）。在混合型市场结构中，龙头企业通常占据80%的市场份额，其他一些规模较小的企业竞争其余的市场份额，这种市场结构在电影、唱片、有线电视等市场领域都可以见到。

Albarran 和 Dimmick（1996）首先提出了这种演进的市场结构。随后Albarran 利用行业集中度这一参数作了进一步研究（Albarran，2003）。Sheth和 Sisodia（2002）在一份关于市场的分析报告中也对这种市场结构进行了描述，并提出了"三强鼎立法则"，认为任何产业发展到最后都会形成由三个龙头企业主导市场，其他企业竞争其余市场份额的局面。实际上，Sheth 和

Sisodia（2002）描述的正是图4.2反映的混合型市场结构。

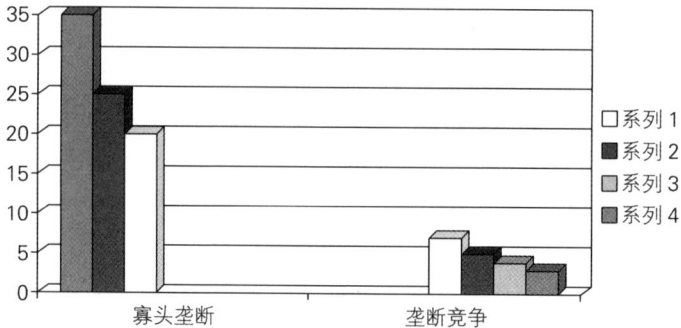

图 4.2　混合型市场结构

注：在这个例子中，领先的三个企业形成了混合型市场结构中的寡头垄断方面，并控制了大约80%的市场份额，其他的企业代表了混合型市场结构中的垄断竞争方面（表示为图中的四个柱状），共同竞争剩余20%的市场份额。

　　另一种分析市场结构的方法主要从各个部分承载的核心功能出发，几十年来，传媒经济学家一直把传媒产业链（如图4.3）作为上述研究的起点。内容和传输是传媒产业链中的重要概念，人们还可根据需要把内容划分为特定领域，如电影和电视内容、音乐内容、出版物内容、用户自创内容等；同样地，传输也可根据需要划分为特定领域，如多频道电视（有线电视、卫星电视）和网络传输（如Hulu.com、TV.com等）。

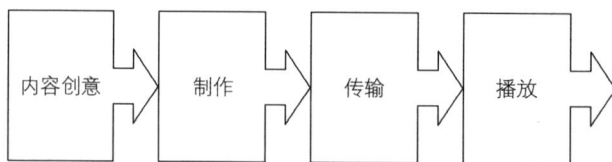

图 4.3　传统传媒产业链

　　如今，我们能看到一些与传统传媒产业交叉重叠的新型市场，它们可能并不具有内容或传输等核心功能，但对于理解传媒市场的演进和相关性却有着不容忽视的作用。下面我们就来讨论几个这样的新型市场：

● *搜索*。人们上网的动机不尽相同，但搜索信息无疑是最重要的目的之一，一个基于"搜索"的完整产业就此产生并不断发展，该产业的领先者当属谷歌、雅虎和微软必应，投入在网络上的大部分广告都投向了"搜索"领域。"搜索"产业通常通过图片和音视频等链接功能与传媒企业和传媒内容产生交叉关联。

● *社交网站*。社交网站是另一个市场界限模糊的领域，脸谱、我的空间、推特等社交型传媒网站的成功之处在于，用户通过这些网站不仅可以在自己的朋友圈内分享信息，还可以通过朋友的朋友圈结识更多人，从而扩大社交圈子。曾经，业界对社交网站的潜力认识不足，如今，其已成为任何类型商业企业战略布局中的重要一环（见 Li & Bernoff, 2008; Shirky, 2008）。当然，许多传媒企业已经在各个社交网站上建立了自己的平台，以便更好地与用户互动，维护品牌形象，同时收集产品和服务的反馈信息。

● *用户自创内容*。YouTube、Craigslist、Flickr、Wikipedia等网站以及成千上万的博客为用户提供了与亲朋好友分享内容的平台，这些内容有的由用户自己创建，有的则来自于其他渠道。起初，传媒产业对YouTube这类网络服务极力抵制，理由是YouTube未经作者授权就使用内容的行为侵犯了作品版权。但到了2009年，已有多家传媒企业与YouTube达成使用协议。这一转变一方面归因于YouTube商业上独一无二的成功（见Burgess & Green, 2009），另一方面是因为许多传媒企业希望借此开拓新的市场，扩大社会影响。

维基百科及其他的"维基"网站为网络用户提供了创建百科条目的

平台，用户还可以不断编辑和完善已创建的条目（Tapscott & Williams，2008）。虽然此类网站促进了用户之间的合作，但由于用户创建的内容可能存在错误或虚假信息，其实用性和广泛性还有很大完善和改进的空间。

作为软件载体和内容播放器，硬件技术产品也成为了新兴市场领域。以下就是一些争相吸引消费者眼球、前景良好的硬件产品：

● 智能手机。智能手机功能强大、体型小巧，在市场中将保持重要地位。苹果iPhone手机和RIM黑莓手机就集多种功能于一身：上网、收发邮件和短信、Mp3播放、视频播放、拍照、日历、记事本、游戏……凡是可以想到的APP软件应有尽有，当然还少不了最核心的功能——接打电话。如今传媒企业都认识到智能手机市场的潜力，积极调整市场战略，占领这一新兴市场。

● 视频游戏机。视频游戏机最初只具备游戏功能，如今已发展成为兼具内容和传播等多种功能的设备，该市场领域由索尼、任天堂和微软三家企业主导。近年来，视频游戏机不断推陈出新、完善功能以吸引玩家，这也为传媒企业获取消费者提供了新的途径。

4.影响市场的其他因素

虽然传媒市场在不断变化，内因却并不是唯一导致市场演进的因素。市场也不断受外因影响，这些因素包括经济条件、科技、全球化、管制、社会因素、资本及劳动力市场等。第1章已经对此作过简要介绍，现在我们要着重分析这些因素是如何影响传媒市场的。后续章节中还会更为详细地对其中几个因素进行介绍。

4.1 经济条件

经济条件是指一定时间内的市场运行环境。人们通常根据经济运行所处的不同阶段特征将其划分为衰退期、扩张期和稳定期。衰退期中，经济活动减少，经济衰退有时只持续短短数月，时间短、规模小，有时则可能像大萧条那样持续数年（失业率超过30%、GDP显著下降、高通货膨胀率等是经济萧条的主要特征）。导致经济衰退的原因有多种，1929年席卷美国的经济大萧条是由于金融市场的不稳定性造成的，大萧条导致股票市场损失惨重，众多企业和银行相继倒闭。2007年，美国迎来有史以来第二次严重经济衰退，程度仅次于1929年的经济大萧条。此次经济衰退造成高达近60%的股市损失，究其原因同样来自于金融市场。即使是GDP位居世界前列的日本也在20世纪90年代初险些遭遇金融瘫痪。

经济衰退对传媒市场的影响尤其明显。首先出现的往往是大幅裁员，进而导致失业人员可支配收入减少；购买力下降引发销售额下降，商业经营随之受到波及；经济萎缩，商家试图通过削减成本以提振收入，导致广告市场下滑；而广告市场的紧缩又反过来迫使许多传媒企业削减成本开支，进而裁员。同时，企业在资本支出（参考第10章）和其他方面的开支也有所减少，从而进一步放缓经济活动，加剧经济衰退。在严重的经济衰退期，消费者可能削减在传媒产品（如订阅有线电视或卫星电视、租赁或直接购买传媒产品等）上的开销。

从历史经验可以看出，经济下行到一定程度，将触底反弹，步入上行周期，再次复苏。经济回暖、增长加速的时期称作经济扩张期。在经济扩张期中，一切经济活动如大地回春般欣欣向荣，资本变得充裕，企业在设备、技术和人力上积极投资，就业机会充足，市场竞争激烈，利率普遍较低，GDP等经济指标表现良好，显示出进一步增长和扩张的潜力。

传媒经济的扩张可表现在多个方面。企业对外并购，或是对技术研发及新型产品和服务内部投资不断增加；广告作为营业收入的主要来源不断增长，在特定时段和版面的议价中获得更高价格；创新不断扩散，消费者在新型技术、内容产品、数字平台和电子商务上的消费增加。传媒经济的扩张具有不同的规模程度和时间跨度，换言之，扩张既没有确切的增长率作为标志，也没有用以衡量扩张期限的平均时间。此外，经济衰退期后的扩张能否弥补之前的经济损失也难以衡量。

经济周期里还有市场既不扩张也不收缩的一些时期，即稳定期。经济稳定期中，"一般性"的经济活动占据市场，就像扩张市场中"活跃性"的经济活动主导市场一样。稳定期的开始首先反映在市场中：收益极值显现，投资活动放缓，以及其他经济指标趋于平稳。当市场向缓慢扩张或收缩（演变成全面衰退前）过渡时会呈现出市场的稳定期。

稳定期的传媒市场中，广告价格缓慢、平稳地增长，但增长速度低于扩张期；兼并和收购活动仍然存在，但通常较扩张期放缓；就业率通常达到顶点；新的内容产品和服务可能会被推迟到经济形势趋好后上市。

4.2 科技

科技是传媒经济中最具变革性的一个因素，这主要是因为传媒市场的各个环节——从生产、传输到播放，都具有很强的技术依赖性。当前，以年轻用户为代表的消费群越来越具有技术导向性，他们对智能手机、Mp3播放器、电子书及其他电子设备的要求越来越高。传媒企业需要装备最先进的技术，不断更新、完善软、硬件设施才能与时俱进，持续发展。

技术发展带来的影响是双向的。在20世纪中后半叶，传媒企业逐步进入数字环境，技术发展导致的失业比比皆是。从电视业的自动摄像机到报业印刷的文字处理系统，每一项技术发展在降低工作难度的同时也不可避免地造成裁员。以前拍摄一条电视新闻需要三个人：记者、摄像师、灯光兼音效师，而现在所有工作由一个人就可以完成。技术发展削减了就业机会，同时也提高了就业门槛：应聘者需掌握多门技能，游刃有余地穿梭于多种岗位，并且对写作、拍摄、编辑、内容制作样样上手。

技术维护和更新对传媒企业而言是一笔巨大开支，但对提供技术服务的制造商、供应商、研发者来说却是创收的大好机会。由于传媒产业属于技术密集型产业，技术革新产生的影响往往广泛深远。从数字电视的问世到智能手机的诞生，再到高分辨率电视技术的发展，每一次技术进步都备受消费者关注，而这些关注的背后无疑是蕴涵着巨大潜力的消费市场。关于技术发展对传媒经济影响的更多讨论将在本书第5、6章展开。

4.3 全球化

对全球化的定义有很多种，这里我们暂且这样理解，全球化是企业走出国门、走进国外客户群以拓展市场领域的现象（Friedman，2005）。由于市场竞争者增多，全球化对传媒市场有着直接的影响。在传媒领域，全球化最初体现在内容销售上，从好莱坞电影开始，随后发展到电视节目。作为世界上最大的传媒内容出口国，美国在海外市场的影响和"文化帝国主义"问题备受关注（（Jayakar & Waterman，2000）。

全球化也包括本国企业获得他国企业的所有权。新闻集团起初是一家澳大利亚报业企业，后收购了英、美两国的许多报业企业，又买入多家电视台并发展成为福克斯电视网；索尼也是通过先后收购哥伦比亚三星电影和米高梅进入国际市场的。

　　还有一种全球化形式表现为本国企业在海外设立分支机构。尼尔森是一家专注于提供各种用户搜索服务的企业，其分支机构遍及全球100多个国家；迪士尼也在全球多个城市开设了主题公园；全球图书出版行业的领先企业贝塔斯曼也在全球设立了多个出版实体。关于全球化的更多讨论将在本书第7章展开。

4.4　管制

　　管制是政府的核心工作，通过建立相应的政策和法规以监管市场，影响经济活动。管制发生在传媒经济的各个层面：全球层面（例如与世界贸易组织和国际货币基金组织）；多国层面（例如欧盟、北美自由贸易区[NAF-TA]、亚太经合组织[APEC]等）；国家层面（通过政府制定的政策和法规）；地方层面（通过各种理事会、委员会等监管机构）（可参见 King & King，2009）。

　　任何对商业活动有所影响的一般管制行为（例如税收、劳动法、利率、货币政策等）对传媒市场也有一定影响。然而，在一些"执法-立法-司法"分立的国家，管制工作由从国家到地方的相应机构共同完成，也就是说不同方面、不同层面的监管行为都会影响到传媒市场。

　　例如在美国，总统行使行政权，负责联邦通信委员会（FCC）和联邦贸易委员会（FTC）的任命工作；国会通过颁布新的法令来影响传媒市场，《1996年电信法案》就是其中一例，该法案放宽了传媒市场准入条件和竞争限制，影响深远。司法权则由各级法院承担，负责司法审判、司法解释、合宪评估等工作（尤其是那些被《美国宪法第一修正案》明确保障的权利）。

除了不同权力机关和其他机构的管制行为，还有一些因素对市场发展存在影响。在许多情况下，市场直接受到人民群众的影响，社会团体和民间监管机构素来也影响着市场，批评人士同时也发挥着一定影响力，最后就是传媒产业自发的自我约束措施，通过建立有关原则试图降低来自政府管制的干扰。对于管制在传媒经济中影响的进一步解读可参考本书第 8 章。

4.5 社会因素

社会因素主要考虑实际使用和消费传媒产品的消费者和观众。进入 21 世纪以来，社会因素受到越来越多关注，观众从以往的庞大单一群体转变成融合了来自不同人口背景、民族、生活方式，有着不同需求和兴趣的多元群体（Parrillo，2009）。观众在不断地发生变化（Napoli，2003），婴儿潮时代出生的人口已步入老龄，在美国及其他许多国家社会中，民族和文化的多元化日益普遍，人们的生理年龄和工作时间都在延长，越来越多的年轻人变成技术控，比长辈们更渴望尝试各种各样的新鲜事物。

考虑到我们所处的是一个数字化的传媒市场，各种各样的娱乐产品和信息产品几乎唾手可得，消费群的分化现象自然也就成为常态。消费者比以往拥有更多的自主性，他们不再停留在"消费"内容上，还通过博客、播客、社交网站等一系列渠道"创造"内容，因此社会因素是推动传媒市场转型的另一方面。关于社会因素对市场影响的更多讨论可以参考本书第 9 章。

4.6 资本

资本是企业开展经营活动的必要条件，是任何一个产业产生和发展的驱动力。2007 年至 2009 年的金融危机让人们充分认识到资本和信用在经济体系中的重要地位。在这场金融危机中，资本约束、经济衰退的后果显而易见。从2008年秋到2009年春的几个月中，20国集团不得不采取空前的举措，向各国市场中注入大量资金，以带动信贷投放，刺激经济回暖。

资本对传媒市场的影响也是显而易见的。没有了足够的资金支持，新的生产计划（不论是电影、电视节目，还是新专辑）将被搁浅，营销计划和市场预算成一纸空文，而兼并和收购更是天方夜谭。广告商将大幅减少广告时段，传媒企业进而不得不大幅削减开支甚至解雇员工。

资本是任何产业发展的必要条件，对传媒产业来讲尤其如此。本书第10章将就资本这一主题展开讨论，并对估值和投资进行介绍。

4.7 劳动力

对于任何企业来讲，劳动力都是发展的基本条件，而传媒市场更是需要能够一专多能、身兼数职、反应敏捷的出色人才。回顾本节前面提到的几个因素（其中科技是最主要的因素），劳动力在传媒经济中扮演的角色不断发生着变化。

在传媒市场中，各种各样的行业协会和联盟积极发挥自身影响，为组织成员争取薪酬和其他权益。虽然行业协会和联盟还没有覆盖世界上所有的国家和地区，在出产高质量传媒产品的国家却发挥很大的作用（例如英、美、德、法、西等国）。教育业也从岗前培训和在职培训等方面影响着劳动力。

劳动力对管理而言是一把双刃剑：传媒企业既需要充足的劳动力以实现企业目标和商业价值，与此同时又要尽可能降低劳动力成本（劳动力成本是所有成本中最昂贵的）。对传媒经济中劳动力的进一步解读可参见本书第11章。

5.本章小结

本章从经济活动中市场的定义出发，讨论了市场在传媒经济中扮演的角色。传媒经济中的市场是由广告、内容、技术等要素组成的众多供给方和需求方的集合。传媒经济活动在"企业和企业"、"企业和消费者"、"消费者和消费者"的不同层面展开。

从传统意义上讲，传媒市场被定义为双向产品市场，因为传媒产品通常面向两个相互独立的市场，即广告商市场和消费者市场。人们有时也从地理维度定义传媒市场。数十年来，产品维度和地理维度一直被政策制定者、学者、学生们用作理解传媒市场行为的途径。人们还习惯用经济学中描述市场结构的术语（如垄断、双头垄断、寡头垄断、垄断竞争、完全竞争等）划分传媒市场。

然而进入21世纪以来，由于传媒市场的转型和演进，传统的市场定义方法日益凸显局限性。具体说来，是因为现实中的经济活动同时发生在多个层面，研究角度既可以是跨行业的横向研究，又可以是深入某一行业的纵向研究。本章讨论了当今传媒经济中最为普遍的一种市场结构，即混合型市场结构。在混合型市场结构中，少数几家大型企业以寡占的形式占据全部市场份额的70%～90%，其他规模较小的众多企业以垄断竞争的形式争夺其余10%～30%的市场份额。

为了更加全面地分析传媒市场，本章还介绍了根据市场的核心功能（如内容、传输等）定义传媒市场的方法。此外，本章还提出了根据其他功能界定市场的建议，包括搜索、社交网站、用户自创内容、智能手机和视频游戏机。

　　本章最后讨论了影响传媒经济市场的外在因素，包括经济条件、科技、全球化、管制、社会变革、资本和劳动力。同其他方面商业活动的市场一样，传媒市场将继续演进、转型。对于想要深入探讨传媒经济中市场作用的学生、学者、工作者和政策制定者而言，传媒市场的演进和转型都是值得研究的课题。

6.讨论以下问题

　　（1）为什么说21世纪对传媒市场定义的难度增加了？

　　（2）在分析21世纪的传媒市场时，垄断、寡头垄断、垄断竞争、完全竞争等传统经济学术语有何作用？如何完善对传媒市场结构的定义？

　　（3）本章中指出，许多传媒市场中存在混合型市场结构，这种市场结构是由哪些成分组成的？

　　（4）经济条件、科技、全球化、管制、社会变革、资本以及劳动力都影响着市场，分别简要说明以上因素是如何影响传媒市场的。

第5章
平台不断拓展的传媒经济

本章中你将学习到：

- 传媒企业用以吸引受众和广告商的多种平台；
- 消费者如何发展为多平台用户；
- 多平台传媒企业采用的经营策略和商业模式；
- 案例研究详细描述四家不同传媒企业的多平台运用。

在21世纪，在传统经营领域拥有深厚根基的"老牌"媒体不断演变成多平台传媒企业。近几十年来，传媒内容一直是通过单一平台——报纸、杂志、广播和电视——提供。数字化技术的应用，使得传媒内容能够在多种不同的平台上共享。目前，传媒经济中"企业"一词意味着，媒体不再局限于单一的传播平台，而是拥有同时向多种平台传输内容能力的经营实体。

媒体向多平台企业转变是技术驱动的结果，本书第6章将进一步讨论技术力量如何作用于传媒经济。多平台传媒企业有众多可供选择的内容发布平台，既包括传统平台，也包括许多新型平台。例如，作为多平台传媒企业的电视台，在通过传统渠道播放其节目的同时，还可运用互联网、移动电话和视频点播等多平台传输，并通过社交媒体如Facebook和Twitter提供增值内容。广播电台作为多平台传媒企业，通过调幅、调频或高清频道来播放节目，同时在互联网上传输内容，提供多种多样的播客，使用社交网络分享信息、收集信息并拓展听众。图书出版商作为多平台媒体企业，在印刷精装或平装书籍的同时，还将书稿转换成有声读物，为电子书读者提供网络下载的版本，或者提供播客版本等。

本节首先讨论传媒企业使用的主要内容发布平台，其后将探讨作为多平台用户的消费者，以及多平台分销内容的企业战略和商业模式。本章最后提供了一系列简短的案例研究，以展现各类型传媒企业的多平台实践。

1.主要传播平台

本节将讨论截至目前，传媒企业能够连接消费者的众多传播平台。表5.1列示了这些平台。当然，并非任何国家的企业都能提供这些平台，这个

传媒经济

列表反映的只是美国的市场情况，也许其他许多国家将会很快推出这些平台或者其不同版本。

表5.1　连接消费者的众多平台

高清电视（HDTV）	无线局域网/无线城域网	卫星广播
多路广播电视	宽频通讯	互联网广播
视频点播（VOD）	手机/智能手机	高清广播
互联网电视	短信/彩信	MP3播放器
机顶盒	博客	个人数字助理
苹果电视	视频游戏机	电子书阅读器
数字视频机	社交媒体	iPod Touch/ iPad
DVD /蓝光	播客	博客订阅

如表5.1，从发布技术及接收技术两个方面来看，提供视频、音频娱乐内容和信息的渠道有多种，让我们来详细讨论一下其中的一些平台：

- 互联网已经成为传媒企业的主要内容发布平台。无论是互联网电视还是互联网广播，社交媒体或是播客，互联网都是内容传播的"主干道"。用户可以通过多种方式连接到互联网——从台式机、笔记本电脑、上网本到移动电话、MP3播放器和掌上电脑等手持设备。当互联网在20世纪90年代演变成大众传媒时，传统传媒企业纷纷拓展在线服务，以期通过这一新兴渠道赢得消费者。例如，Hulu.com已成为美国影视作品的主要在线发布平台，这一传播形式也被称为网播，即通过网络发布各种形式的内容（文本、图像、音频和视频）（Ha & Ganahl, 2007）。

● 视频点播（VOD）由有线电视、卫星电视和 IPTV 服务商向订户提供。视频点播拥有更完善的功能，允许用户暂停、倒回或快进电影和其他节目，通常以套餐服务或单次付费服务的形式提供。

● 智能手机和其他手持设备（MP3 播放器、iPod Touch 等）以移动平台的形式提供内容。通过应用程序，用户可以免费或支付少量费用下载内容。一项研究估计，移动视频行业有望在未来十年呈指数级增长。

● 社交媒体网站起初被许多传媒企业忽视，但 Facebook、MySpace、Twitter 的快速增长，尤其是 YouTube 的发展迫使传媒企业认识到进行社交媒体战略布局的重要性。Facebook、MySpace、Twitter 的服务提供了与观众互动的新模式，YouTube 上还有许多频道可以链接到传统的广播电视。

如表 5.1 所示，还有许多其他的可以连接受众的传播平台。对传媒企业而言的一个利好是，目前可以赢得受众的平台要远远多于以往任何时候。而不利方面在于，从这些平台获得收入的挑战不断增大，而且开发、维护和更新这么多的平台也将花费大量的资金。

2.作为多平台用户的消费者

随着越来越多的传媒企业将内容发布到多个平台，一个关键问题产生了——多平台传播对受众的内容消费方式产生了怎样的影响？事实上，当代受众已成为跨平台的消费者，他们通过多种多样的平台和终端消费内容产品。这些受众，尤其是年轻受众，他们擅长多任务处理，他们常常是一边上网一边观看电视或是欣赏音乐。

一些传统的传媒企业不愿将内容拓展到其他平台上，它们担心这样会使受众进一步分化。然而，事实则恰巧相反，随着时间的推移，向其他多种消费平台提供内容将可能赢得更多的受众。就电视而言，多种平台的总体观看人数将远多于常规渠道的观看人数。

有关方面对在线观看电视开展了很多富有成效的研究，以下是一些有价值的发现：

● 根据美国谘商会（Conference Board）的数据，2009 年有 1/4 的家庭观看网络电视，较 2008 年进一步增长（*TV viewing moves online*，2009）。

● 9/10 的观众是在家中观看网络电视，1/10 的观众是在工作时观看（*TV viewing moves online*，2009）。

● ABI 研究公司较早的一项研究发现，在 2007 - 2008 年间，在线观看电视人次增长了一倍，近 53% 的年龄在 29 岁以下的观众每月至少收看一次（Reardon，2008）。

● 尼尔森和有线电视市场协会（Cable Television Association for Marketing）2008 年进行的一项研究发现，1/3 的受访者在网上观看一些电视节目（Murph，2008）。

显然，在线观看电视人数尤其是年轻观众数量不断增长。虽然仍有许多观众喜欢在传统的电视机或大屏幕电视上观看节目，但是在线观看已经变得越来越流行。从长远来看，随着在线观看的不断发展，一些消费者是否会取消有线电视或卫星电视的订制服务，这将是下一步值得观察的问题。

在线观看电视不断发展的背后，是消费者对自主消费控制权的掌握。消费者对他们想要消费的内容（在某一特定时间对他们来说最便利获得的内容）具有了控制权。在线观看电视对传统的传媒企业而言是一个巨大的转变，通过电视、广播或报纸等单一平台来控制消费已难以为继。现在，控制权已经转移给了消费者。

随着消费者运用传播平台范围的不断拓展，他们对内容消费的控制权也将不断提高。这一形势对消费者来说是个利好，对传媒企业而言却是一个挑战，因为可供选择的平台越多，受众的碎片化也就越来越严重。此外，广告商也不得不重新考虑如何在这个碎片化的、不断改变的多平台环境下进行信息传播。

3. 多平台传媒企业的经营策略及商业模式

受众行为的改变迫使传媒企业不断拓展内容发布的平台。在考量传媒企业作为多平台传播机构的定位时，为了向消费者提供更好的用户体验，传媒企业必须全面了解消费者的需求和欲望（Nielsen Company，2009）。虽然传媒企业都希望将内容资源产生的利润最大化，但并不是每一个多平台传播的传媒企业都能做到这一点。

为了构建多平台传媒企业，并在受众已具有跨媒体内容需求的市场保持竞争力，一些传媒企业选择与有关企业结成战略联盟以促进内容发布。战略联盟是指"两个或两个以上的企业，通过整合业务、分担风险、匹配文化以获得集合优势的商业关系"（Chan-Olmsted，1998，p. 34）。

3.1 传播平台的战略联盟

与互联网企业（包括门户网站、专业网站及其他互联网服务供应商）结盟是传统传媒企业广泛采用的策略。Hulu.com 是 NBC 环球和新闻集团的合资企业，现已发展成为美国最具影响力的电视网站之一。传媒企业利用与互联网合作伙伴建立的联盟，增加与受众的接触，赢取小众和新的受众，构建起跨平台结构并扩大品牌影响（Liu Chan-Olmsted，2003）。

许多传媒企业已经与YouTube结成同盟以便在网上发布节目，后者是拥有全球几十亿用户的主要视频分享网站。这些传媒企业在YouTube上提供"官方"频道，用户可以在YouTube上观看完整的节目或是视频片段。

传媒企业还与专门为数字内容传输提供技术服务的企业结成战略同盟。技术服务企业为传媒企业提供发布渠道、服务器和软件，支持传媒企业在不同的平台上发布内容。例如，thePlatform.com向内容提供商提供宽带视频管理服务。在数字视频压缩领域处于领先地位的On2 Technologies公司，其On2视频压缩和流媒体技术在互联网内容传输上得以广泛应用。Akamai Technologies公司作为领先的技术服务提供商，掌握全面的在线媒体投放和辛迪加技术，拥有使数字媒体内容的传输、流动和存储最优化的全球网络。

多平台传媒企业需要拓展合作的领域还有很多，以推动跨平台内容发布、提升用户体验从而提高传媒企业的资产价值。为了发展视频点播服务，美国许多领先的有线电视运营商（包括康卡斯特和时代华纳）已经与点播技术公司，如SeaChange International、Concurrent Computer Corporation、iN DEMAND公司组成了战略同盟。维亚康姆（Viacome）、华纳音乐（Warner Music）与云计算服务和内容分发网络（CDN）的领先供应商Akamai Technologies公司建立长期合作关系，通过其内容分发网络向受众提供在线内容。

3.2 商业模式

传媒企业通常会与结盟的互联网合作伙伴建立收入分成模式。内容提供商通常获得网络发布产生的大部分收入，它们的在线合作伙伴获得小部分

（约 10%）的收入，而这取决于它们可以给网站带来的流量的多少（Mahmud，2007）。内容提供商还可以在节目中销售广告和嵌入信息，Hulu.com 的节目内容中就包含广告。2009 年的一项研究估算，Hulu.com 在这方面获得了约 1.2 亿美元的广告收入（Frommer，2009）。

多平台传媒企业一直在对不同的商业模式进行尝试，其普遍采用的商业模式包括以广告为基础的模式、以订阅为基础的模式，还有在某些情况下的单次付费模式（见表 5.2）。

表 5.2　传媒平台的新型商业模式

商业模式	示例
广告支持型	嵌入式广告、横幅广告、点击式广告
订阅型	支付年费、月费、周费以获取优质内容
单次付费型	用户为获取内容付费，可用于音乐和视频（如 iTunes），或从报纸、杂志或网站上获取档案内容

在以广告为基础的模式中，内容通常可以免费获取，而广告则被嵌入内容内。大多数传媒企业在互联网上使用以广告为基础的商业模式。根据美国互动广告局（IAB）的数据，互联网广告收入从 1999 年的 46 亿美元增加到 2008 年的 234 亿美元（IAB，2009b），但是，这其中包含了所有形式的互联网广告收入。传媒企业占据了互联网广告收入相当大的份额。例如，美国报业协会（NAA）报道，2008 年报业在互联网广告方面的收入就达到 31 亿美元（NAA，2009b）。

在其他模式中，《华尔街日报》网站（www.WSJ.com）是以订阅为基础的成功案例。读者支付年费以获取全面浏览 WSJ.com 标题和文章的权力，网站也提供部分免费试读内容，但用户必须订阅才能浏览全部内容。

手机市场也经常使用订阅模式。Verizon无线公司的V CAST移动电视是提供给手机上网用户的以订阅为基础的视频点播服务。V CAST移动电视包括视频片段、广告以及无广告的完整电视节目。V CAST移动电视的订阅用户可以利用手机从许多网站和服务提供商观看节目，Verizon公司和它的合作伙伴共享收入。

另一个新兴的商业模式简单称为"计次付费"。在这个模式中，消费者为一个特定类型的内容付费而不进行订阅。苹果公司的iTunes服务就是一个例子，它允许用户购买单独的唱片、电影和电视节目。如其他服务一样，该模式中内容提供商与平台运营商共享收入。以iTunes的情况为例，苹果公司收取一定比例的唱片销售收入，其余则归唱片的所有人。

此外，Anderson（2009）根据商家提供的免费项目的不同描述了50种不同的商业模式，但其所讨论的模式并非全部与传媒产业相关，表5.3列举了一些与传媒产业相关的例子以详细描述这些商业模式。

表5.3　免费商业模式示例

类型	示例
直接交叉补贴[1]	通过免费销售移动电话以获取后续通讯服务费 通过免费试读杂志以吸引新的订阅
三方/双边市场[2]	通过免费内容交换广告 通过电视/电影植入广告（广告商支付费用）
免费增值[3]	通过赠送网络内容销售杂志、图书 通过赠送音乐销售音乐（iTunes）

来源：Anderson（2009）

---

[1]　译者注：通过有意识地以优惠甚至亏本的价格出售一种产品(称之为优惠产品)，从而达到销售更多产品(称之为盈利产品)的目的。

[2]　译者注：第三方付费以参与前两方之间的免费(或近乎免费)商品交换。

[3]　译者注：用免费服务吸引用户，然后通过增值服务，将部分免费用户转化为收费用户。

对多平台传媒企业尤其是以广告为主要盈利模式的传媒企业而言，渠道冲突可能会成为潜在的问题。当多平台传媒企业在不同平台上提供内容时，这些平台之间也在为吸引受众而互相竞争——这也意味着这些平台在为广告收入而相互竞争。

无论采用何种商业模式，传媒企业都需要统一协调其多平台的内容发布。企业为了达到效率最大化，必须整合不同平台的内容资源。一些传媒企业已经建立了内容分发部门以统筹管理内容发布。例如，维亚康姆公司专门成立了一个内容分发与营销部门，统一管理 MTV 电视网与 BET 电视网发布给互联网企业、移动运营商等合作伙伴的内容产品（Viacom's MTV Networks，2007）。

4. 多平台传媒企业案例研究

本节将以四个有代表性的传媒企业为例，研究传媒企业如何进行跨平台的内容发布，所选择的案例包括 NBC 电视台的热播剧《英雄》（Heroes）、《华尔街日报》、BBC 电台以及 WFAA 电视台。研究这些案例时，要注意不同平台所具有的战略意义及潜在的商业模式。

4.1 案例研究：NBC 电视台——《英雄》

2006 年 9 月 25 日，星期一，电视剧《英雄》正式开播并迅速受到观众欢迎，成为当时 NBC 电视台黄金时段收视率最高的节目之一。《英雄》赢得了多个奖项，并获得了艾美奖和金球奖的提名。

作为一个热门新剧，NBC 通过多个平台发布《英雄》的有关内容，强化该剧的存在感，拓展受众范围并提升 NBC 的品牌（见图 5.1）。NBC 在互联网上（nbc.com，hulu.com）提供完整的剧集，推出全系列的DVD产品，在 Twitter、Facebook、Digg 等社交媒体推出大量相关内容，甚至还推出了《英雄》的维基百科（http://heroeswiki.com/Main_Page），让观众可以参与到讨论中来。此外，在线游戏、手机游戏、音乐原声带、图书、漫画小说等其他平台上也出现了《英雄》的身影。

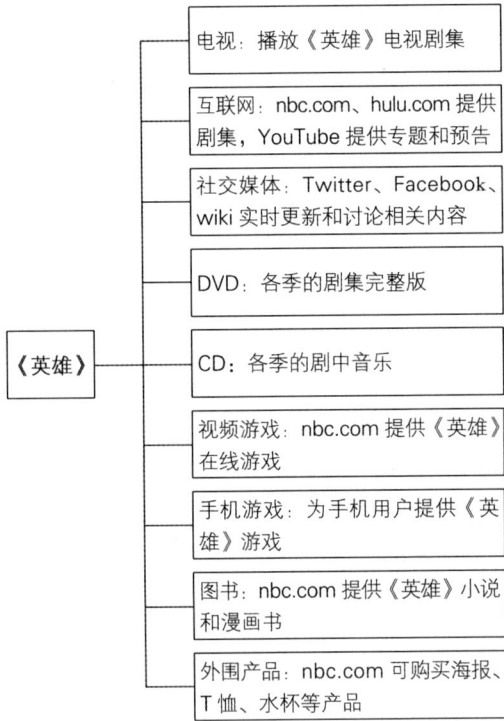

图 5.1　NBC《英雄》的跨平台传播

　　《英雄》在不同平台上的发布给 NBC 和观众带来众多好处。对于 NBC 来说，它通过多种渠道吸引并稳定了观众群，也就是说，它的多平台发布增加了潜在的收入来源，帮助 NBC 实现其数字内容的货币化。对于该节目的观众和粉丝来说，无论何时何地，他们都可以从众多平台中挑选喜欢的方式来关注和消费《英雄》。

4.2 案例研究：《华尔街日报》

　　《华尔街日报》是世界上最受认可的财经出版物之一，其内容也在多个平台进行发布。2007 年，新闻集团以 50 亿美元收购了《华尔街日报》及其母公司道·琼斯（Dow Jones）。《华尔街日报》网站（www.WSJ.com）拥有各种版本报纸的内容文本以及一些付费专题。《华尔街日报》数字报增加了一些功能，包括视频、互动、博客、论坛并提供 90 天以内《华尔街日报》的所有文章等，同时还提供来自于新闻集团旗下的其他相关媒体的有关内容，包括财经咨询网站《市场观察》（Market Watch）、金融类刊物《巴伦周刊》（Barron's）、科技新闻网站《全面数字化》（All Things Digital）和个人理财杂志《财智月刊》（Smart Money）。除互联网外，《华尔街日报》还通过手机、播客和博客订阅来发布内容。《华尔街日报》多平台的运用见图 5.2。

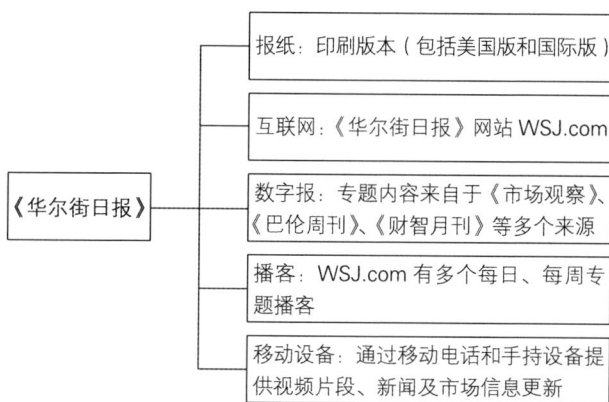

图 5.2　《华尔街日报》的发布平台

4.3 案例研究：BBC 电台

英国广播公司（BBC）是世界上历史最悠久、最受称道的传媒企业之一。英国广播公司使用多种平台将其内容发布给世界各地的受众。这里，我们将介绍该公司的一个业务板块 BBC 电台（http://www.bbc.co.uk/radio/），了解该板块如何利用多平台发布内容。除地面广播外，BBC 电台还通过互联网、移动设备（移动电话、个人数字助理）、iPlayer 播放器以及各种播客发布其内容。众多的 BBC 电台节目，包括所有的国内广播电台、BBC 全球服务以及特定国家和地区电台业务（苏格兰、北爱尔兰、威尔士等）都能在网络上获得。此外，电台支持多达 32 种不同的语言，拥有众多有关听众感兴趣话题的博客。BBC 电台的多种发布平台见图 5.3。

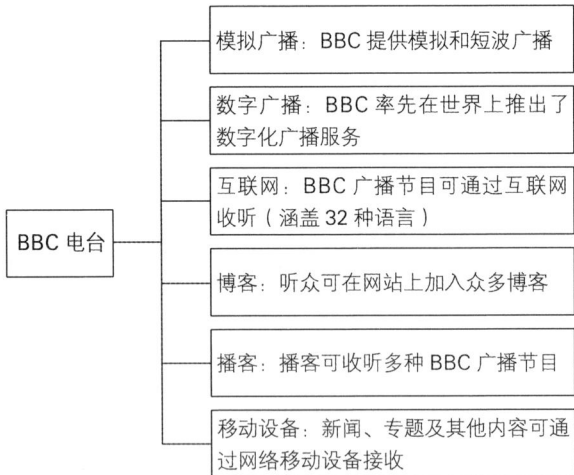

图 5.3　BBC 电台的多平台发布

4.4 案例研究：WFAA-TV

WFAA-TV是贝罗公司旗下的旗舰电视台，向美国第五大传媒市场——得克萨斯州市场的达拉斯/沃斯堡地区提供服务。WFAA-TV通过其网站（www.wfaa.com）发布当地信息和娱乐内容。在网站上，用户可以注册成为会员，在站内接收内容和信息。WFAA-TV向移动电话和掌上电脑提供信息访问，在Facebook和Twitter上建立了账户，在社交媒体上积极拓展。WFAA-TV还有很多博客以鼓励用户参与和评论，并为用户提供多种电子邮件更新通知。WFAA-TV的多种发布平台见图5.4。

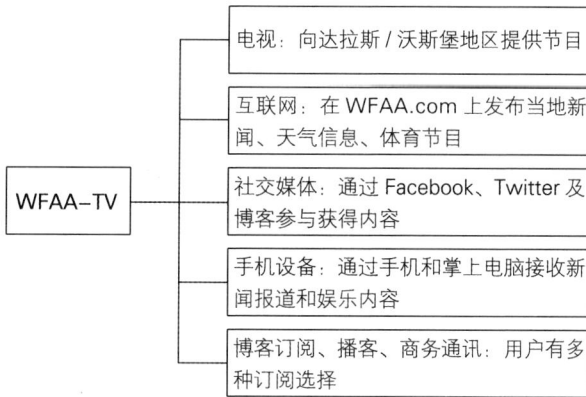

图5.4 WFAA-TV的多平台发布

这四个案例研究说明了传媒企业如何运用多种不同的发布平台将内容传送给受众。企业规模、企业类型和内容性质在一定程度上决定了传媒企业在进行内容发布时使用什么平台或设备。大型传媒集团，如NBC环球（隶属于通用电气）、《华尔街日报》（隶属于新闻集团）运用了其中大多数平台，毫无疑问，这是因为它们拥有丰富的资源以支撑多平台战略的发展，并能够通过其他部门交叉推广这些平台。

就BBC电台而言，作为英国广播公司的组成部分，它利用了母公司的大量资源，提供了真正的全球电台体验。虽然其内容完全以音频为基础，但其大量的应用平台和多语言的内容对消费者而言十分实用。相比之下，WFAA-TV电视台使用的内容发布平台较少，但更有针对性，重点放在当地新闻和天气信息上，更关注于本地市场。WFAA-TV不关心全国或国际的传播力，电视台的内容主要提供给其覆盖范围内的地方受众。

无论传媒企业规模和类型如何，推进多平台战略必须关注以下要素：互联网战略，用以依托计算机吸引用户；移动设备战略，用以吸引使用移动电话和PDA的用户；播客和视频广播战略，用以在更小的平面上分享内容；社交媒体战略，用以制造互动并建立受众的"社区"；特定类型的博客战略，用以促进网上讨论和反馈。最终，无论是采用广告、订阅还是单次付费模式，所有的传媒企业都希望各种平台货币化。对传媒企业来说，让消费者认识到这些平台的价值，让他们愿意为平台支付费用将是一个持续的挑战。

5.本章小结

在21世纪，对媒体的最好的注解是：运用多平台及设备传播内容（信息和娱乐）的企业。多平台传媒企业的转变是由技术进步、受众行为的改变和对跨平台内容的需求共同推动的。本章介绍了至2009年传媒企业运用的多种平台。毫无疑问，随着科技的进步、升级，更多平台将会不断呈现。除了研究多种平台之外，本章还研究了作为多平台用户的消费者。

本章回顾了传媒企业运用的市场战略和商业模式。在市场战略方面，许多传媒企业已经和技术伙伴结成战略联盟，共同开发新的发布平台。而对商业模式而言，大多数传媒企业主要运用的是广告模式、订阅型模式和单次付费模式，免费模式在传媒业也有所应用。无论使用哪种商业模式，多平台传媒企业需要协调好跨平台的内容发布，以避免自身不同渠道间发生冲突。

本章最后分析了四个不同的案例，说明传媒企业如何利用多种平台以发布内容。这些例子表明传媒企业对内容发布平台的不同选择，是由企业规模、企业类型和发布内容的性质决定的。

在 21 世纪，多平台的内容发布将继续扩大和发展。同样的，我们会继续看到多平台内容发布所运用商业模式的演变，商业模式可能将涉及更大的范围，更具复杂性。多平台传媒企业代表了传媒经济的一个重要发展方向。随着发布平台创新以及消费技术创新，多平台战略和多种商业模式的结合将成为传媒企业发展的必由之路。

6.讨论以下问题

（1）在 21 世纪，为什么必须把媒体视为多平台经营实体？

（2）在消费者接触到的多种平台中，你认为哪种最有前景？哪种最不看好？

（3）如何使用不同的平台获取信息和娱乐内容？你喜欢哪种平台？不喜

欢哪种平台？为什么？

（4）本章讨论了多种平台的市场战略及商业模式，选择一个本地的传媒企业，从市场战略和商业模式的角度分析它是如何运用不同的传播平台的。

（5）在分析 NBC 环球的《英雄》、《华尔街日报》、BBC 电台以及 WFAA-TV 电视台这些案例时，这些企业之间，以及它们在多平台战略上有什么相同点？什么不同点？

第6章
科技与传媒经济

本章中你将学到：

- 为什么科技是可以影响传媒产业的力量；
- 模拟技术到数字技术的转变如何影响传媒产业；
- 宽带发展如何在提高了上网速度的同时，也在创造GDP中发挥了作用；
- 卫星技术如何依托其内容传输优势改变了传媒产业；
- 从社会、商业和消费者角度看，科技发展伴随着怎样的陷阱。

科技是传媒经济发展的主要驱动力之一。细数传媒发展的历史，许多传输技术和接收技术在助推传媒经济进步的同时，也会打乱原有传媒市场格局。正如本书第5章所述，科技影响不仅涉及传媒的生产、传输和播放过程，还涉及受众如何接收和使用传媒产品。晶体管的问世、集成电路的诞生以及计算机技术的应用是许多企业和产业在技术进步方面的重要里程碑。

科技对传媒企业和传媒产业的影响涉及不同层面，包括个体、家庭、国家，甚至全球。21世纪涌现了大量的内容传输和接收技术的革新，或许关键的催化剂是模拟技术向建立在二进制代码基础之上的数字技术的转变。数字技术在20世纪80年代得到普及，自此开始广泛应用于传媒产品的生产、传输和播放。

本章将分析科技及其对传媒产业的影响。在以下章节中将分别分析：1）模拟技术向数字技术的转变；2）宽带技术的发展；3）卫星技术的发展；4）数字技术的缺陷。这些章节中还将通过一些案例对有关趋势和模式进行解读。

1.模拟技术向数字技术的转变

数字技术对传媒企业和产业的影响可以说是革命性的，因为它改变了传媒产品的生产、传输和播放的方式。模拟技术是将音频或视频信号处理成电子脉冲，而数字技术则是将音频或视频信号转换成数字模式，也就是说音频或视频数据将会由一系列由二进制代码所组成的"数字"来代表，即数字"0"和"1"的众多组合（Negroponte，1996）。相对于模拟内容，数字内容拥有一系列优势，包括更清晰的音质和画质、更好的接收水平以及在众多平台上更强的转换和重新装配能力。

除了性能的提高，数字技术还有其他优势。使用数字技术的设备更小、造价更低并且容量更大，同时，模拟资料转换成数字格式将能实现更好的保存。

全球大部分地区的传媒企业几乎已经全部完成了从模拟技术到数字技术的过渡，因此能够为受众提供具有更好音频和视频质量的内容。数字技术广泛运用于内容创作、生产、传输和播放等方面，美国广播业在2005年引入高清广播（HD radio）技术，模拟电视业在2009年6月转换为数字电视，有线电视业在20世纪90年代开始推进有线电视系统的数字化升级，电影业也已将数字技术运用于发行和播映等环节。下面我们通过美国高清广播（HD）的发展过程，详细研究一下模拟技术到数字技术的转换。

案例研究：美国高清广播（HD Radio）的引入

高清广播技术最初由iBiquity数字公司研发，并于2002年10月获得美国联邦通信委员会（FCC）的批准，成为美国唯一的数字音频广播标准。高清广播可以让电台在提供传统的AM/FM模拟频道的同时，提供数字音频的子频道，从而达到吸引新的受众并拓展收入渠道的目的。由于高清广播信号不能与现有的AM/FM接收器兼容，对于消费者来说，接受高清广播还需要一个新的接收器。一款应用软件已被运用于苹果公司的iPhone，使得iPhone能够具有接收高清广播信号的功能（*HD radio on your iPhone*，2009）。

高清广播被认为是自20世纪60年代FM立体声出现之后，广播业最具革命性的技术创新（*HD radio broadcasting fact sheet*，2009）。有了高清广播，广播电台可进一步扩展其市场和服务，还可以直接向高清广播接收器提供如实时新闻、交通、天气和股票等文本信息。

为了加快以高清广播技术为基础的产品开发，iBiquity数字公司与主要广播设备制造商建立了合作关系。高清技术的运用大大降低了传输设备的大小和成本，从而促进了高清广播的推广，许多广播电台都采用高清技术来升级广播设备。截至2009年底，高清广播在美国的普及率达到了85%以上，拥有1 950个高清广播电台（Find HD radio stations，2009）。正如所预料的那样，美国最大的商业广播集团（如Clear Channel、CBS、Cumulus、Citadel等）也正是高清频道服务的最大供应商。

除了美国，在2009年已采用高清广播技术的国家还有巴西、墨西哥和菲律宾等。处于高清广播测试阶段的国家包括加拿大、哥伦比亚、德国、印度尼西亚、牙买加、新西兰、波兰、瑞士、泰国和乌克兰，其他国家的高清广播也在积极发展（*HD radio broadcasting fact sheet*，2009）。在未来十年，伴随着高清广播电台的增加，高清接收器成本的下降，以及高清成为许多新的移动设备的标准，我们可以预见高清广播将获得更大的发展和普及。

2.宽带发展

宽带是能够让用户以每秒256KB或者更高的速度访问互联网的接入功能。自20世纪90年代末以来，宽带互联网服务变得更加方便和实惠，开始时通过数字用户线（DSL），之后通过高速电缆调制解调器，后来通过光纤/局域网络（如IPTV）由电信公司（如威瑞森（Verizon）和电话电报（AT&T））和一些有线电视运营商（如康卡斯特（Comcast）和时代华纳（Time Warner））传送。无线宽带主要通过智能手机和上网本接收，无线宽带市场将成为21世纪最具潜力的市场。应该注意到，宽带互联网服务市场

传媒经济

日趋激烈的竞争已降低了全球范围内的宽带业务价格。

在全球范围内，宽带普及率不断提高。表6.1选择G-20国家的（详见第1章）宽带普及率、宽带用户总数、以购买力平价计算的人均国内生产总值（PPP）等方面进行比较。这些国家宽带普及率和宽带用户总人数的信息来自于经济合作与发展组织（OECD）和美国中央情报局（CIA）《世界概况》（2009b）。应该注意的是，并非所有的G-20国家都可获得相关数据，所以表6.1中列出的是能够获得比较数据的那些国家，所有数据日期均为2008年。

表6.1 全球宽带普及率（2008年）

国家	宽带普及率（%）	宽带用户	人均GDP（美元）
加拿大	28.6	9 577.648	39 100
法国	27.6	17 725 000	33 200
德国	27.3	22 532 000	35 400
意大利	19.4	11 283 000	31 300
日本	23.6	30 107 327	34 000
英国	28.2	17 275 660	36 500
美国	25.2	77 437 868	46 900
中国	6.2	83 400 000	6 000
巴西	5.0	10 000 000	10 200
墨西哥	6.8	7 604 629	14 200
澳大利亚	25.2	5 368 000	38 100
韩国	31.9	15 474 931	27 600
土耳其	7.4	5 736 619	11 900

来源：CIA（2009b）、国际电信联盟（2009）、市场研究（2009）、OECD（2008）

表6.1中列出的国家中，韩国以31.9%的宽带普及率处于领先地位，其次是加拿大、英国、法国和德国，巴西、中国、墨西哥和土耳其宽带的普及率不到10%。宽带用户总数方面，中国以8 340万用户总数位列第一，其次是美国、日本、德国和法国。

表6.1中使用了以购买力平价计算的人均国内生产总值，主要是考虑了产品与服务相对价格的差异，以便能更好地对各国经济进行比较。我们利用宽带普及率（用百分比表示）及人均GDP数据，作了简单的皮尔森相关系数计算，结果得出一个高度正相关的数字——+0.879。这表明宽带普及率和人均GDP高度相关，也表明高宽带普及率对一国的GDP具有积极贡献。这一分析同时表明，由于对宽带领域更大的投资，巴西、中国、墨西哥等大型新兴经济体国家的GDP将会实现更快的增长。

3. 卫星技术

卫星通信技术开始于20世纪50年代，当时苏联和美国分别发射了它们的第一颗卫星。卫星是传媒发展史上最重要的技术之一，今天我们可以片刻之间实现信息内容在全球范围内的传播。卫星技术积极推动了不少传媒行业的发展，如有线电视、卫星广播、卫星直播（DBS）等。20世纪70年代，付费有线电视网络（如Home Box Office、Showtime）和独立电视台（如WTBS，Atlanta；WGN，Chicago；WOR，New York）开始利用本国卫星转播电视节目。随着卫星技术的发展，有线电视行业获得了大量用户，并在视讯传媒市场确立了自己的竞争优势。

卫星技术引入了一种新的内容发布手段——把内容直接发布给消费者，

这一模式促进了诸如DirecTV和Dish等卫星直播服务商的发展，使这些新兴企业能够在多频道电视市场中与有线电视企业和电信企业展开竞争。在广播行业，卫星广播的发展使得地面广播行业要面对更强有力的竞争对手。但对消费者而言，卫星直播和卫星广播的发展为其提供了可供选择的更多节目和平台。

案例研究：卫星广播

1997年，联邦通讯委员会（FCC）最终授予XM卫星广播公司和Sirius卫星广播公司牌照，允许它们向用户推出首个数字音频广播服务（DARS）。多年来，传统广播公司成功游说反对卫星广播，延缓了卫星技术进入市场的时间。2001年9月25日，XM公司正式推出数字音频广播业务，Sirius公司于2002年7月1日推出。两项业务均以订阅为基础，同时还提供除常规内容外的一些其他高价服务。2008年，XM和Sirius为节省成本进行了一个有争议的合并，整合后新实体被称为Sirius XM广播公司。公司成功说服了监管机构，如果它们的合并不获许可，两家公司都将面临倒闭的风险。

Sirius XM广播公司在很多方面优于地面广播，包括数码音质、覆盖率以及节目选择。订购用户每月支付费用可获得该公司提供的超过100个频道的无广告音乐、新闻、谈话、体育节目。Sirius XM的服务也可以通过互联网和iPhone应用程序订购。

Sirius XM与传统广播、网络电台竞争听众，并积极争取用iPod/Mp3和移动电话欣赏音乐的用户。2008—2009年间的金融危机对Sirius XM经营造成了冲击，因为作为重要订阅来源的移动电话在当时销量下降。同时，一些消费者失去工作，可支配收入大幅缩减。尽管拥有高品质多样化的节目选择，Sirius XM 仍存在长期生存问题。为此，国际扩张是一项战略选择，因为该公司希望扩大目前的覆盖范围，现在的覆盖范围仅包括美国、加拿大和波多黎各。此外，互联网和智能手机订阅也被视为未来的主要增长来源。

4.科技的缺陷

科技为传媒企业和消费者提供了许多便利和优化，但并非所有的影响都是正面的。本节将从三个方面详细说明科技给企业、产业以及社会带来的挑战，包括技术升级的成本、盗版对知识产权的影响以及科技所造成的社会问题。

4.1 技术升级

技术创新使传媒企业能够在高速宽带环境中向各种平台发布具有更好音质和画质的内容。同时，技术创新也需要传媒企业进行持续不断的投资，以适应日新月异的形势变化。例如，自1996年的《电信法案》通过以来，美国有线电视产业为了满足不断增长的数字电视、视频点播和交互式电视节目（IPGS）等应用需求，在设备升级方面的投资已超过1 500亿元。

对于传媒内容的"供应者"，技术支出主要来自于三个主要方面：

●基础设施及网络支出。这些支出来自于内容传输的实际机械设备，包括地面设备、宽带设备、卫星设备及其他方面的设备。

●硬件和软件支出。这些支出主要来自于内容的实际生产过程，这些内容支出必须在市场上收回。硬件是指摄像机、照明和放映等设备，软件是指完成粗剪等工作所需要的编辑工具和后期制作工具。

●许可证、人才及其他费用支出。这些支出范围很大，从诸如音乐等具有版权的材料的使用费，到生产人员雇佣支出，以及其他方面的费用支出。

消费者也能切身感受到技术的升级，他们在这方面的开支主要有两大方面：

●使用新技术的花费。使用新技术的花费通常在其进入市场的前几个月较高，但随着越来越多消费者的使用，费用往往会下降。在20世纪80年代个人计算机刚刚出现时，某些桌面系统的价格动辄超过2 000美元。而在21世纪，你可以以不到500美元的费用买下一个完整的桌面系统。

●升级软件和硬件的花费。无论是物理硬件（如台式电脑、笔记本电脑、视频游戏机、硬盘录像机等），还是运行各种应用程序的软件，技术产品都需要经常升级。尽管卖方可能会免费提供一些基本的升级，但是大部分的升级（包括每两至三年的硬件更换以及性能更优的新软件的运用）都需要专门开支。

在20世纪90年代的DVD技术被引入以前，盒式录像带一直占领家庭影院市场。随着电影厂商逐步停止发售电影录像带，消费者开始购买新的硬件（DVD播放器）和新的软件（DVD光盘）。由于DVD提供了更优质的音频和视频以及更多的附加功能，受众从DVD获得了更好的体验。蓝光是近年来DVD市场产品创新的又一代表。

模拟电视向数字电视（DTV）转换是当代传媒技术升级的最佳范例之

一，这其中涉及了传媒行业和个人两方面的支出，下面让我们来看看美国数字电视转换的案例。

案例研究：美国数字电视转换①

20世纪90年代，美国国会即已通过了数字电视的有关法案，而直到2009年6月，经过多年的延误和推迟，美国终于实现了模拟电视向数字电视（DTV）的转换。美国有两种数字电视格式：标清电视（SDTV）和高清电视（HDTV），其中，高清电视拥有更高的分辨率和图像质量。

在费用方面，为了实现向数字电视的转换以及拥有提供高清电视的能力，电视业花费了数10亿美元升级其技术，包括配置新的发射器、摄像机、转换器、现场设备、编辑设备等。

联邦政府也花费数百万美元，并从两个不同的方面来支持转换。首先，在全国范围内进行数字电视转换的有关宣传活动，宣传活动涉及多种媒体，包括互联网、印刷材料、公益广告，甚至付费广告等。其次，国家电信和信息管理局（NTIA）分发了数以万计的优惠券来帮助使用老式模拟电视机的消费者购买机顶盒转换器。

---

① 对于数字电视,美国人看法不一。虽然多数公民都购买数字机顶盒,或更换电视机,升级天线,但仍有不少人不愿意被迫掏钱参与政府主导的数字革命。为了消除用户疑惑,美国大张旗鼓地进行宣传教育活动。美国全国有线与电信协会、美国邦联通信委员会和国家广播协会等机构纷纷举办形式多样的推介活动,宣传美国的数字政策和转换中的费用补贴政策,并建立了三个介绍数字电视的官方网站www.CheckHD.com、www.dtv.gov和www.dtvtransition.org配合宣传。美国消费电子协会也在户外广告牌、公交广告和各大电视台上播放数字教育公益广告,制作供学校使用的专题教育课件,并广泛散发介绍数字电视的多语种小册子,以使消费者早日接受DTV。这些活动取得了很大成效,说服许多人更换了电视机,从而提高了数字电视机的家庭拥有率。为进一步做好教育活动,美国国会在2007年拨付500万美元专款用于数字电视的专项教育,美国联邦通信委员会也在其2008年预算草案中划拨150万美元用于数字电视教育(赵明.美国数字电视发展与启示.人民网,http://media.people.com.cn/,2007-04-11)——译者注。

消费者有三种方式来实现向数字电视的转换，但都涉及某种形式的支出。首先，如果该消费者已经订购了卫星电视、有线电视或 IPTV 服务，通过每月的订购，其现有的播放设备就能实现数字转换。其次，对于不是订购用户的模拟电视的使用者，他们可以将自己的老式电视机更换为数字电视机，很多消费者都选择了这种方式。再次，也有很多消费者选择为旧的模拟电视机购买一个机顶盒转换器（使用 NTIA 的优惠券），这也是无需购买新的数字电视机而能收看数字电视的最实惠的方式。

世界各国都处于数字电视转换的不同阶段。一些国家，如芬兰、奥地利和瑞士已经完成了这个过程，加拿大和英国也计划在近期完成转换。

4.2 知识产权问题

传媒技术的创新导致了大量的知识产权问题。知识产权[①]是"一切来自科学技术、文化艺术、工商经贸等领域的智力创造活动所产生的权利"。知识产权可分为两大类：工业产权和版权。工业产权主要包括专利、商标、工业设计和地理标志权，版权主要是文学和艺术作品享有的相关权利（WIPO，2009）。由于传媒企业生产的是信息和娱乐产品，版权在传媒行业具有至关重要的地位。

几乎所有的传媒内容都涉及版权，包括影视、录音、视频游戏、图书和其他形式的出版物。由于美国是世界上信息和娱乐产品产量最大的国家，全

---

① 《世界知识产权组织公约》第2条规定,知识产权包括下列权利:(1)与文学、艺术及科学作品有关的权利,即版权或著作权;(2)与表演艺术家的表演活动、与录音制品及广播有关的权利,即邻接权;(3)与人类创造性活动的一切领域发明有关的权利,即专利权;(4)与科学发现有关的权利;(5)与工业品外观设计有关的权利;(6)与商品商标、服务商标、商号及其他商业标记有关的权利;(7)与防止不正当竞争有关的权利;(8)一切其他来自工业、科学及文学艺术领域的智力创作活动所产生的权利——译者注。

球盗版对美国传媒产业造成了严重威胁。同时，美国是世界上最大的版权产品出口国，因此也是越来越多全球盗版的最直接受害者。根据政策创新研究所（Siwek，2007）的分析，全球盗版每年给美国造成约580亿美元的经济损失、373 375人的失业人数、163亿美元的工人收入损失，此外还有25.8亿美元的税收损失（见表6.2）。

表6.2　全球盗版对美国造成的损失（2005年）

	经济损失 （10亿美元）	就业岗位 损失	工人收入损失 （10亿美元）	税收损失 （10亿美元）	
生产层面	52.4	312 052	14.6	个人收入	1.76
销售层面	5.6	61 323	1.7	企业收入	0.56
				生产及其他税收	0.26
总 计	58.0	373 375	16.3	总 计	2.58

来源：Siwek（2007）

与贸易有关的知识产权协议（TRIPS）是世界贸易组织（WTO）发布的国际协议，此协议对知识产权保护的范围和标准作出了详尽的规定，在许多国家被视为知识产权法的基本法律框架。然而，在全球范围内落实知识产权有关法规具有很大挑战性，因为有些国家不愿意提供资源或采取行动来保护知识产权（U.S. Copyright Office，2005）。一些欧洲和亚洲国家盗版率非常高，尤其是俄罗斯和泰国等一些国家和地区。

宽带技术的引入自然导致了更高的互联网盗版率。根据美国电影协会的界定，互联网盗版包括通过互联网发布或下载未经产权所有人授权的各种类型内容（如，电影、录音、视频游戏等）。互联网盗版的形式很多，其中包括对等连接（P2P）文件网络共享、盗版服务器以及非法网站等。这些形式的网络技术大大增加了全球范围内的盗版行为，P2P业务已经使得知识产权法的实施比历史上任何时候都更为复杂和困难。

如表6.2所见，盗版显然对传媒企业的潜在收益造成了严重损害，在这其中，唱片业是受影响最大的行业。因为互联网的存在，未经授权发布和共享音乐简单易行，从互联网上下载盗版音乐变得非常普遍，而这一切都是通过技术手段实现的。

为了保护知识产权，传媒行业已经针对无数的个人侵权行为提起了法律诉讼，同时还发起了大规模的反盗版行动。一些传媒企业试图通过提供经济实惠且易于使用的合法下载服务来阻止数字盗版行为。为鼓励人们不要消费盗版音乐，唱片企业已授权多家合作企业提供网络下载服务，包括网络流媒体、合法的P2P服务以及音频和视频下载。

4.3 社会问题

技术创新也已经引发了一系列社会问题，例如数字鸿沟和过度使用电脑等技术所造成的社交孤立。数字鸿沟是指那些信息富有者和信息贫困者之间的鸿沟，它可以从两个维度进行分析，即实际获得数字技术的鸿沟和有效利用数字技术所需要的资源和技能的鸿沟。导致获得数字技术不平等的因素有很多，包括社会地位、教育程度、种族、性别、年龄、收入等。掌握不了数字技术的人就不能从数字技术的发展中受益，而数字技术现今已经成为推动经济和社会进步的关键要素。

全球数字鸿沟反映的是国与国之间掌握数字技术的差异。数字技术进步给经济欠发达国家和新兴经济体国家带来许多挑战，尽管全球范围内宽带互联网普及率有所增加，但发达国家和新兴市场国家之间的数字鸿沟却在不断扩大。由于无法接触数字技术，新兴市场国家数以亿计的人无法从科技进步中受益。导致各国间消费者互联网运用差距的因素有很多，教育系统、工业化进程、经济制度和民族文化都会影响消费者的互联网普及（Zhao，Kim，Suh & Du，2007）。由于数字技术在经济和社会发展中的重要性，许多国家的政府部门、私人机构、非营利组织和金融机构都在积极采取措施，努力消除全球范围内的数字鸿沟。在一些比较小的国家如乌拉圭和玻利维亚，政府向小学生提供能够上网的笔记本电脑以便让他们尽快适应新兴技术的发展和运用。

技术创新带来的另一个社会问题是由于电脑、游戏、上网冲浪和社交网络的过度使用而导致的社会孤立，甚至是健康问题。随着更多的内容和平台选择以及更多的应用功能，消费者在传媒产品上花费了比以往任何时候都更多的时间。第 9 章的数据详细介绍了消费者在各种形式的传媒产品上花费的时间。传媒产品使用时间的增加反过来减少了人们在社会生活方面的参与，包括非正式的社会交往、公共活动、教会活动和其他形式的活动，以及也许是最重要的活动——体育锻炼。

一些社会评论家认为，数字技术的滥用导致人们脱离社会生活，在数字产品上花费的时间取代了社会活动的时间，对人们参与社会活动也造成了心理障碍（Shah，Schmierbach，Hawkins，Espino，Donavan，2002）。互联网滥用尤其成为社会评论家关注的重点，针对互联网滥用对人们参与社会生活的影响，有关方面已经进行了大量的研究，其中一些研究表明，过度使用互联网将会导致人们脱离有意义的社会关系和社会活动（Patterson Sc Kraut，1998）。

5.本章小结

本章从宏观角度审视了科技这一影响传媒经济各个层面的重要因素。科技创新对传媒产品的创作、生产、传输和播放过程产生了深远影响，并通过接收技术的创新对消费者产生关联影响。

模拟技术向数字技术的转变，彻底改变了传媒企业向传媒经济的个人、家庭、国家和全球各个层面提供娱乐内容和信息的方式。数字技术进步使得传媒企业能够提供具有更好音频和视频质量的内容，以更快的方式跨平台发布内容，同时提供给受众更多的选择并控制内容的接收和消费方式。

本章也回顾了宽带的发展。宽带指的是通过电缆调制解调器、光纤/局域网和无线等途径提供的，每秒速度为最少256kb的网络系统。本章从全球视角来审视宽带发展，运用数据说明宽带普及率与人均国内生产总值高度相关。

本章还回顾了卫星通信技术的发展，认为这项技术缩小了地球的距离，让无数的电视节目能够通过有线、卫星和IPTV服务传递给受众，在介绍中还提供了Sirius XM卫星广播的案例研究。

本章回顾与科技进步相关的另外一些问题，包括从传媒企业和消费者的角度讨论了技术升级的成本问题，以及传媒产业中的盗版和知识产权等问题，利用研究数据说明盗版如何导致大量经济损失以及众多工人失业，而这些都是科技进步所导致的。最后，本章从全球层面审视了国家之间的数字鸿沟问题，以及从个人角度讨论了滥用传媒和科技产品导致的社会孤立问题。

作为传媒经济发展的主要驱动力，科技与全球化、管制调整和社会发展等因素相互作用，共同塑造了当前及未来的全球传媒经济。科技进步将继续影响传媒经济运行的各个层面，推动消费者不断调整适应、跟进科技创新的步伐。

6.讨论以下问题

（1）相对于模拟技术，数字技术有哪些优势？

（2）如何定义宽带？宽带发展与国家的GDP有什么关系？如果宽带能刺激经济增长，为什么政府不加大对宽带基础设施的投资？

（3）卫星技术的发展怎样有助于有线电视和电信等相关行业的业务的拓展？

（4）什么是数字鸿沟？如何解决这个全球性问题？

（5）盗版是影响传媒产业发展的一个重大问题。盗版如何影响传媒企业的经营稳定和人员就业？为了阻止盗版，政府、传媒产业以及个人可以采取哪些措施？

第7章
全球化与传媒经济

本章中你将学到：

- 如何定义全球化；
- 推动全球化发展的贸易联盟和贸易协定；
- 传媒企业为什么要寻求全球化，以及全球市场中的传媒产品类型；
- 传媒企业运用哪些全球战略以打入国际传媒市场；
- 跨国传媒集团在全球化中扮演的角色。

传媒经济发展的另一个驱动因素是全球化。"全球化"一词受主观价值
影响，其本身便包含多种不同的意义和可能的解释。从学术角度看，不同的
学科对全球化有不同的解读。例如，研究政府政策和战略的政治学家与研究
全球变暖和气候变化的自然科学家分析全球化的方式就会不同，历史学家与
社会人类学家在聚焦全球化时的角度也会不一样。

1. 什么是全球化？

不管是从哪种角度审视全球化，关于全球化的内涵还是有一些共识存在
的。首先，全球化是民族国家体系的延伸。当一个国家推进"全球化"时，
通常意味着要与他国进行贸易和商业交流，进口本国稀缺资源，出口国内丰
富资源。自 1995 年世界贸易组织建立以来，全球化已成为各国经济发展的
一个重要推动力量。研究显示，1950 年以来，全球跨国投资已增长了 20
倍。从 1997 年至 1999 年，全球跨国投资从 4 680 亿美元增长至 8 270 亿美元。

全球化的第二个核心内涵通常与军事联盟的全球体系有关。例如，北大
西洋公约组织通过在成员国之间建立一个强大的军事防御系统，以抵御外敌
入侵，防止战争爆发。联合国是另一个国际组织，它也提供一定的军事支持
（通常为维和行动），致力于保障各国公民的权利。

事实上，全球化主要由各国间的贸易和商业活动驱动，是一种已经存在
了数个世纪的现象（Micklethwait & Woolridge，2000）。但在 20 世纪最后 30
年，即 1970 年至 2000 年间，全球化作为时代发展的潮流和趋势在世界范围
内日益凸显（Friedman，2005）。就在这一阶段，一些具有重大意义的事件
推动了全球化的发展，使人们更加深刻地认识到世界的剧烈变化。以下是一

些标志性的事件：

● 1974年爆发的石油危机表明了全球对石油的高度依赖，石油有限的供应量和无限的需求量使石油价格居高不下。

● 在20世纪80年代，全球遭遇了一系列金融危机。1987年10月，美国纽约股市暴跌，迅速引发西方主要国家股市连续大幅下挫，显示了各国金融机构间的巨大关联性[①]。另一次全球经济衰退发生在20年之后，于2007年12月始发。

● 随着更多国家向市场经济转型，经贸活动日益频繁，推动了欧盟、北美自由贸易协定等贸易联盟以及世界贸易组织的诞生。

● 随着传真、手机、因特网、电子邮件等新事物的出现，信息技术改善并拓展了国际交流与传媒运用。这些技术不仅改变了人们的信息交流方式，还推动了商业和投资活动的发展。或许技术创新带来的最大影响就是大大加快了信息流动的速度。

全球化具有正反两方面的作用。从积极方面来说，全球化鼓励产品和服务竞争，促进了生产力的提高，并且从理论上来说，能够帮助消费者降低消费价格，提高生活品质，对于一些小国而言尤为如此。同时，全球化还能促进从农业到信息技术等诸多领域新想法、新事物的产生，并提高相关主体对外部文化的感知。

当然，全球化也具有消极作用。人们对全球化的批判涉及很多方面，主要围绕全球政治组织（如欧盟）和全球经济组织（如世贸组织、世界银行、国际货

---

① 1987年10月19日，星期一，华尔街上的纽约股票市场刮起了股票暴跌的风潮，爆发了历史上最大的一次崩盘事件。这一天被金融界称为"黑色星期一"，《纽约时报》称其为"华尔街历史上最坏的日子"。道·琼斯指数一天之内重挫了508.32点，跌幅达22.6%，创下自1941年以来单日跌幅最高纪录。这次股市暴跌在全世界股票市场产生连锁反应，伦敦、法兰克福、东京、悉尼、香港、新加坡等地股市均受到强烈冲击，股票跌幅多达10%以上——译者注。

币基金组织）的发展。此外，全球化以牺牲本土企业的利益为代价，导致了由大型跨国公司主导的国际自由市场的产生。但对全球化的最大批判可能是它创造了同一化的世界文化，这种同一文化主要受西方文化影响，使当地文化和习俗逐渐失去特色（Sparks，2007）。这些批判主要聚焦于传媒内容产品（例如电影、电视节目、录音制品等）和广告，而这些内容受到美国品牌和内容的深刻影响。

2.贸易联盟和贸易协定

贸易全球化是全球化的重要方面，其核心便是各国间促进贸易便利化的贸易联盟和贸易协定的建立。据世界贸易组织估计，截至2009年，有关方面已经签署了超过120个不同的贸易协定，很多国家参与了多个贸易联盟。世界贸易组织及时跟踪成员国之间的发展数据和趋势，并将大量信息资源发布至其网站http://www.wto.org，为研究者们了解全球化趋势提供了支持。

除世界贸易组织外，目前重要的贸易联盟有：欧盟（EU），2009年有27个成员国；北美自由贸易协定（NAFTA），包括加拿大、墨西哥、美国；亚太经合组织（APEC），有超过20个成员国。事实上，一项研究估计全球80%的GDP来自这三个地区，它们也被称为"三巨头"（triad）（Chan-Olmsted & Albarran，1998）。世界贸易组织2007年提供的全球数据显示，这三个贸易联盟在2007年占据了50%以上的全球贸易份额。

如图7.1所示，欧盟是全球最大的贸易联盟，在2007年进出口额达到830亿美元；接着是APEC，有超过500亿美元的进出口额；最后是NAFTA，进出口额约为300亿美元。同时注意图7.1中所显示的进出口差额：APEC属于贸易顺差（出口大于进口），EU和NAFTA属于贸易逆差，其中后者的逆差更大。

APEC的贸易顺差有多方面的原因，其中包括该联盟内相对较低的生产成本。

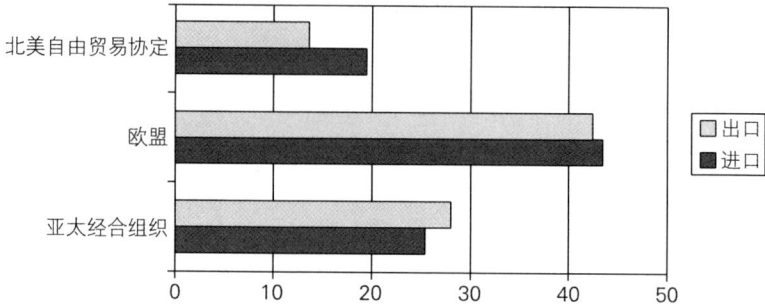

图7.1　世界主要贸易联盟进出口额（单位：10亿美元，2007年）
来源：世界贸易组织

　　除了这三大贸易联盟，其他重要的贸易联盟也促进了全球贸易便利化。其他重要的贸易联盟有以下四个：东南亚国家联盟（ASEAN）、中欧自由贸易协定（CEFTA）、两个拉美国家联盟——南方共同市场（西班牙语译为MERCOSUR）和安第斯贸易联盟。

　　除了贸易联盟，还有其他一些重要因素影响着全球化，其中包括私有化、竞争、技术、投资以及对全球产品和消费的需求等。全球化是一个复杂现象，受经济、政治、技术和社会因素的影响，它将继续向前演进并影响传媒经济发展。通过对全球化的概述，本章接下来将转向关于全球化如何影响传媒产业的讨论。

3.全球化与传媒产业

　　为什么一个传媒企业需要参与全球化？其中有诸多原因，但大部分由非常单纯的商业因素驱动。很多企业借以拓展市场边界、增加市场份额——这是经济理论的一个基本观点，我们已在第3章中讨论过，每个企业都会寻求实现其业主和股东利益的最大化。很多国家的国内市场已经得到充分发展，处于饱和状态，扩大市场份额只能在具有增值空间的市场上进行（Anderson，2006年）。在国外市场，你将能发现更多的商业增长和业务扩展的机会。

传媒产品的独特性质为各传媒企业扩大市场份额提供了诸多可能。传媒产品是社会产品，其独特之处在于能反复使用，内容在不断变化的基础上，又能提供给新的、更年轻的观众。一些传媒产品生产成本较高，主要是由于工会和行业协会积极为编剧、导演、制片人以及演员等争取薪酬权利，但是传媒产品的再生产费用却很低，尤其是在数字化环境中，内容只以数字文件的形式存在。

预测传媒产品的需求是非常困难的，因为在传媒内容的开发和营销上存在很多不确定性，制作和营销（尤其是电影）的高昂成本也增添了许多压力。衡量传媒产品的真正价值也有诸多困难，这些产品往往有多种不同的使用和消费方式。根据长尾理论（Anderson，2006），我们也知道传媒产品能够随着时间推移产生增量价值。总之，传媒全球化既有诸多可能性，也存在很大不确定性风险。

电影和电视产品

电影和电视节目等传媒产品用当地语言注上字幕或配音之后，就能很便利地销售到世界各国。当电视在全球普及时，好莱坞电影成为许多国家电视节目的重头戏。

国际市场为增加企业收入提供了很多机会，对于制造商和发行商而言，这种效益被成倍放大。一部电影或电视剧能在国外产生更多的收益，但不会给实际制作过程增添任何成本。同时，传媒内容产品能够重复使用，内容可以被重新包装，反复不断地销售给新的客户。

内容制作商和发行商很早就认识到了国际市场的重要性，以及获取额外收益的巨大机会。但需要引起注意的是，由于各个地区文化习俗的差异，不是所有的产品都能销售到世界任何地方。比如，一些情景喜剧在全球推广往往比较困难，因为其脚本通常特定于当地的文化和习俗。《宋飞正传》（*Seinfeld*）是美国最受欢迎的喜剧之一，但却由于该节目特定的内容设置，并没有在全球范围内流行，因为其他国家的人并不一定能理解这一节目内容。相反，从英国喜剧改编的《老友记》（*Friends*）在全球范围内异常火爆，现在在很多国家还能看到这一剧集。

尽管一些情景喜剧可能不那么容易推广，有两种主题的内容产品却能在全球范围内通行：性和暴力。全球市场上有很多关于此类主题的内容产品。比如，发行范围最广的电视剧《海滩游侠》（*Baywatch*），以南加州穿着性感泳装的海滩救生员而闻名。在高峰时期，该节目曾被译成44种不同的语言，在148个国家播放（Ratings Winners, n.d.）。围绕暴力犯罪的系列电视剧，像《犯罪现场调查》（*CSI*）、《法律与秩序》（*Law and Order*）等在世界范围内仍十分流行。

美国是全球最大的电视节目出口国，其进口的电视节目非常少（Cooper-Chen, 2005），几乎所有进口的电视节目都来自英国（Griffin, 2005）。在墨西哥，电视业巨头墨西哥电视集团（Grupo televisa）出口了大量电视节目（主要为肥皂剧和足球比赛）到西班牙语国家（Gutierrez, 2009）。据Silva（2005）数据显示，巴西环球电视台（Globo TV）是世界最大的肥皂剧出口商。

美国也是世界最大的电影出口国，美国电影企业制作并发行的电影占领

了全球电影市场。但要注意，美国虽然全球总票房收入第一，但却不是电影
制作数量最多的国家。印度夺得这一殊荣，宝莱坞（印度电影基地的别称）
每年制作的电影数量超过了美国，并且这种状况持续了多年。要追踪全球电
影票房，有一个极佳渠道：互联网电影数据库（Internet Movie Database，
www.imdb.com），该网站会定期更新相关数据。表 7.1 列出了全球票房收入
前十位的电影。注意：表 7.1 中全球票房收入并不包括录影带租借销售收
入、电视版权收入以及其他的收入。

表 7.1　全球票房纪录（2009 年 7 月 1 日）

排名	电影	全球票房
1	《泰坦尼克号》	$1 835 300 000
2	《指环王：王者归来》	$1 129 219 252
3	《加勒比海盗：亡灵的宝藏》	$1 160 332 628
4	《蝙蝠侠：黑暗骑士》	$1 001 921 825
5	《哈利波特与魔法石》	$968 657 891
6	《加勒比海盗：世界尽头》	$958 404 152
7	《哈利波特与凤凰令》	$937 000 866
8	《星球大战前传一：魅影危机》	$922 379 000
9	《指环王：双塔奇兵》	$921 600 000
10	《侏罗纪公园》	$919 700 000

4. 全球战略

对于想打入全球市场的传媒企业，有许多可能的战略可供参考。
Sanchez-Tabernero（2006）从四个方面对全球化战略进行了分析：（1）生产

国内及国际传媒产品；（2）规模化、多样化经营；（3）寻找机会和有吸引力的市场；（4）分阶段实现国际化。前三个方面在本书的其他部分已经讨论过，下面对第四个方面进行具体阐述。

Sanchez-Tabernero（2006）提出了推进全球战略的四个阶段，以建立超越其他竞争对手的有利优势。四个阶段如下：

● 第一阶段——建立强大的国内市场地位。作者讨论了三种不同的可能性：成为一个强大的全国性企业（例如康卡斯特）；成为领导某一领域的高度专业化公司（例如贝塔斯曼在出版领域）；在首都或其他大都市发展，成为区域性集团（例如《纽约时报》）。

● 第二阶段——国际舞台初显身手。在这一阶段，企业跨越国界，可以进入某一个国家小规模开展业务，也可以追求一个更大的目标。内容产品仅需重新包装或修改，或是创造新内容以打入新市场。与国外合作伙伴建立良好关系，能消除不必要的风险，并为接触和理解当地文化提供便利。西班牙电信公司（Telefonica）就是一个很好的例子，它总部位于西班牙，但已经将业务拓展至许多拉美国家。

● 第三阶段——巩固国际市场地位。作者指出，当一个企业的出口占整体业务的25%以上时，该企业就已经成功地巩固了其作为国际企业的地位。这时企业通常会制定完善的新的目标，调整、优化组织结构，以进入其他的国家。

● 第四阶段——形成跨国企业。当一个企业继续扩大发展，更多的收入来自许多不同的国家时，该企业事实上就已实现了跨国经营了。从全球层面来讲，这就形成了Gershon（2005）所说的跨国传媒企业，这也是我们下一节将着重讲述的内容。

5.跨国传媒企业

全球范围内的传媒全球化活动主要由大型传媒企业所驱动，这些企业也被称为跨国传媒集团。Gershon（2005，P. 17）将跨国传媒企业描述为在两个或多个国家拥有境外业务的经营实体，其战略决策及资源分配取决于经济目标和效率，与国家边界没有多大关系，出售的主要为信息和娱乐产品。

这些跨国传媒企业主宰了传媒市场，占据了传媒产品及广告的大部分收益。这些企业最初大部分只是从事单一的经营业务，通过兼并收购逐步发展壮大。表7.2列出了2009年年中的主要跨国传媒公司。

表7.2　主要跨国传媒公司（2009年）

公司	总部	主营业务
CBS	美国	电视网络、电视台、电台
NBC环球	美国	电视网络、电影娱乐、有线频道
新闻集团	美国	电视网络、电影娱乐、报纸
时代华纳	美国	电影娱乐、电视节目、出版
维亚康姆	美国	有线频道、付费频道、出版
沃特·迪士尼	美国	电影娱乐、主题公园、电视网络
索尼	日本	电子产品、电影娱乐、电子游戏
贝塔斯曼	德国	图书杂志出版、电视节目

来源：各公司年报和官网

让我们再仔细看一下这些公司在组织结构和管理上是如何运作的，请看表7.3。

表7.3　跨国传媒公司组织结构（2009年7月）

公司	首席执行官	高管	董事	雇员
哥伦比亚	Les Moonves	14	14	25 920
NBC环球	Jeff Zucker	19	16	323 000ª
新闻集团	Rupert Murdoch	13	17	64 000
时代华纳	Jeffrey L. Bewkes	7	10	87 000
维亚康姆	Phillippe Dauman	12	11	11 500
沃特·迪士尼	Robert Iger	17	12	150 000
索尼	Howard Stringer	8	15	171 300
贝塔斯曼	Hartmut Ostrowski	35	15	106 083

注：ª NBC环球母公司通用电气的员工总数

来源：各公司年报和官网

表7.3中的高管一栏是指公司的高级管理人员数量，董事一栏指公司董事会成员数量，雇员一栏指公司的全球员工数量。从表7.3中可知，这些公司的执行官为10个左右（除贝塔斯曼外），董事为14个左右。员工数量则各不相同，通用电气（General Electric，为NBC环球的母公司）和索尼雇用了大批生产制造人员。在第11章，我们将进一步考察传媒产业的劳动就业状况。

为理解这些跨国传媒公司全球化战略的重要性，表7.4将这些公司的国际市场收入分解出来，对其财务表现进行比较，这里使用的都是已经公开的数据。从表7.4我们可以获得一些有趣的发现。

表7.4　各跨国传媒公司财务业绩（2008年）

公司	2008年总收入（百万美元）	国际市场收入（百万美元）	国际市场收入占比
哥伦比亚	13 950	2 246	16%
NBC环球	16 969	N/A	N/A
新闻集团	32 996	9 808★	30%
时代华纳	46 984	N/A	N/A
维亚康姆	14 625	4 241	29%
沃特·迪士尼	37 843	9 337★	25%
索尼	79 808	60 654	76%
贝塔斯曼集团	22 565	14 370	64%

注：索尼的数据由日元转换而来，它是一家上市公司。贝塔斯曼的数据由欧元转化而来，它是一家私人公司。这两家公司的国际市场收入分别指的是日本和德国市场之外的收入

*根据公司信息估算的数据

来源：各公司财报和官网

对于美国的跨国传媒公司而言，2008 年的国际市场的收入占比排列从较低的 16%（CBS），到较高的 30%（新闻集团）。但是美国之外的跨国传媒公司国际市场收入占比则更大：索尼有 76% 的收入来自于日本之外，贝塔斯曼 64% 的收入来自德国之外。对于这两家公司，美国和欧洲是其国际市场收入的主要来源地。

跨国传媒公司，或大型传媒集团，将继续主导 21 世纪的传媒经济。与那些追求国内或当地市场的本土传媒公司相比，这些公司强大的财务实力和经营范围为其提供了有力的竞争优势。同时，这些跨国传媒公司也将有进一步的发展。在本书即将出版的时候，一场并购正在进行，康卡斯特将收购 NBC 51% 的股份，而通用电气将持有剩余的 49%，并打算最终出售其全部股份。什么时候像谷歌这样在互联网行业持有大量资产的公司也将被列为跨国传媒公司呢？如果说历史对未来有任何指导意义的话，我们知道跨国传媒公司的组成将会随着时间，通过兼并和收购而不断变化。

6. 本章小结

本章介绍并讨论了全球化为什么是影响传媒经济的力量。"全球化"是一个多面性术语，其含义取决于我们所讨论主题的背景。尽管全球化已经延续了数百年，这一话题自 20 世纪 70 年代起才引起更多的关注，产生更大的影响。这一时期发生的一系列事件（1974 年石油危机、20 世纪 80 年代金融危机、1995 年世贸组织成立）向我们展现了全球是如何紧密联系在一起的。

全球化有正、反两个方面的作用。从积极作用来说，全球化能增强竞争，促进创新和提高生产率。从负面作用来说，全球化带来了由金钱和权势驱动的全球政治和经济组织的产生。从传媒角度来看，有人批评全球化造成了单一的全球文化，忽视了各国价值观和文化的多样性。

本章还从区域贸易联盟和贸易协定的角度讨论了全球化，这些联盟或协定进一步促进了国际化。据世贸组织估计，在 2009 年，有关方面已经签署了超过 120 个不同的贸易协定，很多国家参与了多个贸易联盟。全球三个最大的贸易联盟位于北美（北美自由贸易协定）、欧洲（欧盟）以及亚洲（亚太经合组织）。

接着，本章还考察了全球化和传媒产业的关系，具体阐述了为何传媒企业要寻求进入国际市场。这一小节还分析了电视和电影产品的特性，并举例说明了世界不同地区的情况。

本章还介绍了 Sanchez-Tabernero（2006）的全球化战略理论。在经历全球化战略的四个阶段后，大型传媒集团也即跨国传媒公司将形成。本小节分析了世界八大跨国传媒公司的数据，包括主营业务、组织结构以及财务表现等。

全球化仍然是传媒经济发展的驱动力，作为一种力量它将会继续演进。对传媒产业全球化的管制还存在诸多挑战（Chakravartty & Sarikakis, 2006）。对于寻求在国际市场上竞争的企业来说，全球化既可能是希望，也可能是陷阱。

7. 讨论以下问题

（1）全球化是影响传媒经济的主要力量。你如何看待全球化？你认为全球化是一种积极力量，还是消极力量？为什么？

（2）企业为什么要寻求进入全球市场？它们能从全球化中获得什么？

（3）打入全球市场的一个主要策略就是分阶段推进，分阶段推进有什么优势？它是如何降低风险的？

（4）当前全球传媒市场由 8 个主要的跨国传媒公司主导，你认为有没有其他公司能与这些公司抗衡？如果有，请列出这些公司并说明原因。

（5）在 21 世纪，你认为全球化会继续成为推动传媒经济发展的主要力量吗？为什么？

第8章
管制与传媒经济

本章中你将学到：

- 一个国家的政治理念对其管制类型的影响；

- 政府如何通过管制来调节市场；

- 不同政策层面的管制；

- 在传媒经济中，管制如何施行，运用于何处。

管制是影响传媒经济的另一个外在因素。各种类型的政府都可以实施管制,法律和各种政策常被用于实现众多国家利益和社会目标。在大多数国家中,管制的根基在于"法治",它最早出现于公元前360年古希腊时期柏拉图和亚里士多德的著作中。1215年,英王约翰签署了《大宪章》,这份文件对普通法的发展有着重要影响,其中的原则理念在多个国家的法律文件中都有所体现,如1787年出台的美国《宪法》。

管制涉及社会多个方面,并在不同的层面展开,对传媒经济也同样如此。政府的管制包括如立法、征税、建立军事国防、实现社会政策目标,以及本章要介绍的——为了保护社会和民众的整体利益而实行的市场管制。众所周知,企业——特别是那些处于混合经济体制中的企业,更希望政府尽可能地减少管制。因为在一般意义上,管制不仅会限制企业的潜在利润,还会限制市场的总体规模。

对政府而言,传媒管制是个不小的挑战,部分源于数字技术的发展和各类市场紧密联系的现状(Cherry,2006)。在本章中,我们将从以下几个方面来介绍管制。首先,从各个政府的政治理念倾向来观察政府管制的作用,并了解管制所施行的不同层面。其次,对各国政府管制政策的不同类型进行介绍。最后,从全球范围内政策实施的实际案例中,观察管制对传媒经济的影响。

1.管制与政府

在前文中,我们介绍了三种不同类型的经济体制及其理念——计划经济、市场经济和混合经济。要注意在现实中,市场经济更像是一种理想化的状态而非已建成的体制。因此，就管制政策而言，全球多数国家以混合经济体制为主导，但一些国家依旧实行计划经济体制。

在实行计划经济的国家，如朝鲜、古巴和伊朗，政府实际掌控着经济和社会的各个方面。就传媒政策而言，政府持有或直接控制着传媒机构。虽然俄罗斯等国已采用了资本主义理念，允许外国投资者进入国内市场，但它们仍没有放弃对传媒领域的控制，所有主要媒体不是国有就是为政府所控制。

世界上多数国家实行混合经济体制，这意味着市场经济导向需要同管制政策相结合。在这些国家，管制行为会体现在出台经济政策、影响市场以及防止垄断行为等多个领域。撤销管制、自由化和私有化是政府调节市场的几种手段。

撤销管制是指取消或废除某项法律或政策，这通常是因为该项法律或政策太过陈旧，或是为了消除官僚主义。传媒产业中的事例包括，取消对电台播音员（俗称DJ）需持有执照的要求，废除"公平播放原则"，即要求广播在各种议题上不偏不倚，在资源、时间、观点表达等方面为争论各方提供平等机会。

自由化发生在政府"放宽"某项法律或政策之时，与之前的管制环境相比，此时的企业拥有了更大的经营空间。例如，美国国会多年来不断放宽对电台所有权的数量限制。根据最初颁布的所有权限制法律，任何企业或个人都不得拥有超过7个调幅（AM）或调频（FM）的广播电台。后来，这一数量限制被调整了多次，直到1996年美国国会通过了《电信法》，才取消了对全国性电台所有权的限制。

私有化是指政府允许私人企业接管以前由政府管控的企业。许多欧洲国家政府都曾经设立专门机构来管理邮政、电信和电报这三大行业，简称

"PTTs"（Steinfield，Bauer & Caby，1994）。后来，这些国家政府意识到它们无法对这三大行业进行有效管理并满足它们不断增长的需求，因此，政府允许私人企业接管这些服务并从经营中获利。

很多国家都是为了相似的目的而实行管制，除了撤销管制、自由化和私有化外，下面列举了政府实行管制的一些更为常见的方面：

- *征税*。所有政府都对个人和企业征税，税收将用来提供公共服务和支持政府工程。

- *国防*。政府将税收用以建立军事力量，帮助国家抵御外来威胁和内部冲突。

- *劳动人事*。多数政府都制定了劳动法，设定最低工资水平，保障劳动者权益。

- *民法和刑法*。政府在民事犯罪和刑事犯罪方面制定相关法律。

- *社会服务*。政府在多个领域为其公民提供资源和帮助，如医疗保险和医疗援助等。

- *金融市场*。政府从多个方面管制金融市场，如颁布会计准则、监管财务报告、调节市场利率等。

- *竞争和反竞争*。多数政府制定法律以鼓励竞争，防止反竞争和垄断行为。

以上是对政府实行管制领域的简要介绍。然而，这些管制政策是如何实施的呢？下一节我们将对管制实施的不同政府层面进行详述。

2.政策与管制层级

在管制政策方面，全球多数国家拥有以下至少三个层面：国家或联邦层面（美国等其他一些国家）、州层面和地方层面。总体上，国家层面的法律和政策高于州和地方层面，同样州层面的法律和政策高于地方层面。然而，各个国家的具体情况并不完全相同。

以美国为例，立法机关即国会，负责制定国家和联邦层面的管制政策。国会由参议院和众议院组成，议员由人民选出，国会通过的法案需由总统即行政部门代表作出最终确认。美国总统有权否决国会通过的法案，然而，如果该议案获得了国会2/3以上议员的支持，那么总统的否决权将失效。这种"分权制衡"的理念在许多民主政府中都有所体现，目的在于防止任何单一方面主导决策的制定。

该体系同样在州层面中有所体现。每个州都建立了由人民选出的立法机构，其构成类似于联邦层面，由州级参议院和众议院组成。州级法案需经州长签署方能生效，像总统一样，州长也可以否决有关法案，然而，如果议会拥有足够多的支持选票，州长的意见同样可以被忽视。州政府与联邦政府共同推进管制，但在执行法律和政策方面，每个州都有相对的独立性。

地方层面的管制涵盖郡、市、镇等层面，涉及行政区划内的税收及地方特定事宜。地方层面也拥有自己的管理机构，如市议会和市政府，共同负责地方事务的管理。

通过上述内容，我们认识了大多数管制系统的基本构成，除此之外，管制行为发生作用的领域及其影响还有很多，下一节我们将对这些方面进行讨论。

3.其他方面的管制行为及其影响

3.1 司法系统

在任何国家的管制体系中，司法机关都是非常重要的方面。在美国，司法机关主要包括最高法院（美国最高司法机关）及其他联邦法院和地方法院。各州、地方均设有相应司法系统，处理辖内的相关案件。

司法系统的职责包括选择与处置案件、作出判决与处罚、提供意见与决策等。很多时候，案件会对现行的法律提出挑战，法院经常被要求对现有法律是否合宪作出裁定。由于能够在除最高法院之外的各级法院提出上诉，司法系统中时常会出现一些历经数年才得以解决的案件。

3.2 管制机构

管制机构由政府设立，主要围绕某一特定领域，具体负责管制的执行。管制机构在各级政府都发挥作用，并会同立法者一起制定规则和法律。

在传媒经济的管制方面，众多管制机构影响着政策的实施。联邦通信委员会（FCC）是美国联邦政府中最重要的管制机构之一，该机构直接对国会负责，对有线和无线通信进行监管。FCC的监管范围涵盖传媒产业的关键领域，包括广播电视、电缆、卫星、电信以及互联网（最重要的信息获取路径）的某些方面。FCC负责的政策包括媒体的所有权管制、牌照管理以及客户的有关日常服务等。

联邦贸易委员会（FTC）是美国联邦层面的另一个重要管制机构。FTC的一项重要职责是对广告业实行监管，包括对虚假广告和非法贸易进行调查。

州级管制机构需要配合联邦级的相关机构推进政策的实施。例如，大多数州级政府设立公共事业委员会或相关机构来监管公用事业服务。另外，还有一些专门针对某一特定行业（如保险、医疗保健和机动车等）的监管机构。

虽然地方层面的管制机构存在地域上的限制，但其具有特定的任务和职能，为地方提供相关服务与支持，在监管体系中的作用不可小视。

3.3　自我管理与行业协会

为了减少不必要的政府管制，多数行业均实行自我管理。由于传媒内容的传播渠道十分广泛，传媒行业中的自我管理非常重要。一般而言，传媒企业对它们的节目和内容都较为保守，它们不愿意因为播放了有争议的内容而激怒观众（消费者）和广告商，并引发有关方面的审查。2004年全球直播的超级碗比赛的中场秀上发生了臭名昭著的"露乳"事件，这一事件引发了公众对于不雅行为和社会责任的激烈讨论，一直到数年后，有关方面仍然受到了法院的处罚。传媒企业普遍意识到，自我管理是一个持续进行的过程，这一过程不断引发人们对于社会道德和节目尺度的讨论，不断探讨哪些是符合标准，可以向大众传播的广播电视节目和出版物。

在传媒领域，行业协会往往从各自行业的立场和特点出发游说和影响政策制定者。一些积极游说的传媒行业协会有：美国广播电视协会（NAB）、全国有线电视与电信协会（NCTA）、美国电影协会（MPAA）和美国唱片业协会（RIAA）。

不同行业协会在立法，尤其是关于经济利益问题上发生争执的情况并不少见。例如当下发生的RIAA（代表唱片企业和艺术家）与NAB（代表广播业）的冲突，就是一场关于可能向广播业收取广播权许可费用的争论。简而言之，RIAA希望通过立法来增加表演者的收入，而广播业表示由于其无偿播放表演者的歌曲，帮助表演者发展了事业，因此任何立法都不该继续削减其本来就在下滑的收益。这次事件中，两个协会都在游说国会：一方要求制定新的法律，而另一方试图阻止新法律的制定。

3.4 民间协会、评论家与传媒素养

在民主社会，人们可以通过自身拥有的多个权利来表达意愿，如在选举中投票的权利。但除选举之外，人们还有很多其他的方式来影响管制进程，其中一种方式就是民间协会。在这种结构简单的组织中，组织内成员都拥有共同的利益和关注领域，他们也可以通过游说来影响法律的制定与实施。这些民间协会包括：美国家庭教师协会（PTA）、美国退休人员协会（AARP）、美国公民自由联盟（ACLU）、反醉驾母亲协会（MADD）和美国步枪协会（NRA）等。与传媒有关的协会有：儿童电视行动组织（ACT）、公正准确报道组织（FAIR）、媒体研究中心（MRC）等。

许多媒体评论家帮助公众了解传媒组织及其内容。过去，许多报社都雇用媒体评论家，但由于公众对报纸需求的下降和随之而来的预算削减，这类岗位大多被取消了。一部分评论家因而转向互联网，开设了自己的博客和网页。对传媒行业而言，作为监督者的评论家始终拥有一席之地。

社会上还存在着很多致力于提高公众传媒素养的组织和群体，它们旨在培养和提高公众对于传媒行业的认知，尤其是对那些有小孩的家庭。通过他

们的成员及其举办的活动，这些组织在影响传媒管制方面也发挥一定作用。

通过上述介绍，我们了解到传媒经济中存在许多具有政策影响力的机构，包括政府管理机构、自我管理组织和民间协会。在下面的内容中，我们将介绍全球范围内各方面的传媒管制政策。

4.管制与传媒经济

在本节中，我们将详细介绍政府制定的各类传媒管制政策。通过引入世界上多个国家的具体事例，我们将揭示各国在管制政策方面的不同之处。

4.1 内容管制

由于倡导言论自由，实行混合经济体制的大多数国家往往只对特定领域的传媒内容进行管制。以下是混合经济体制国家内容管制所涉及的一些主要领域：

- *适合儿童观看的内容。* 许多国家在儿童观看的内容方面都有明确的规定，并限制广告播放的数量，特别是对电视业。在美国，电视台每周都要播放 3 个小时的教育类节目，英国、瑞典和挪威等国家也在儿童观看的内容方面制定了详细的政策。

- *性和暴力内容。* 那些含有色情内容和极端暴力的节目也是管理者关注的领域。对此，不同国家采用了不同的政策，从中我们能发现各国的巨大文化差异。美国电视台一般会避免播放裸露镜头，而在许多欧洲国家这是被允许的。在美国，电视上常常会出现一些暴力镜头，但在欧洲，这样的内容非常有限。美国和一些国家实施了自愿评级系统，以便提前向家长预告该节目是否含有性和暴力内容。

- *不雅和淫秽内容*。多数国家都对不雅和淫秽内容传播作出了限定。在美国，含有不雅内容的节目只能在安全港时段（晚10点至早上6点）播出，因为该时段几乎没有儿童观看电视。另外，根据美国最高法院的解释，淫秽内容通常不具有任何"文学、艺术、政治和科学价值"（the LAPS test）。在许多国家，如果违反了播放淫秽内容的规定，相关人员将被罚以重金，甚至审判入狱。

一些国家设有电影委员会，审查电影内容并决定其是否可向公众播放。美国地方层面曾一度拥有众多电影审查委员会，但大多都已解散。随着DVD和互联网的普及，实施管制以"保护"公民不受特定内容影响的工作越来越富有挑战。美国多数影院实行自我管理，并拒绝播放评级为NC-17[①]（17岁及17岁以下儿童不得观看）的影片，因此，由于上述"标签"已被贴上，该级别的电影非常少见。

4.2 所有权和传媒控制

多数国家在传媒企业的所有权和控制权方面都有明确规定，下列是一些关于所有权和控制权方面的政策：

- *经营许可*。若想经营广播电台、电视台等传媒企业，经营者通常需要事先获得政府发放的牌照。获得牌照通常需要具有该国国籍，同时要符合一定的财务资质及其他条件。牌照适用于特定期限，到期需要办理更新手续。当传媒企业被出售后，买卖双方需要办理牌照转让手续，

---

① 美国电影分级由美国电影协会下属的分类与评级管理委员会负责组织，主要由一些与电影界没有关联的家长进行评审。电影分级分为G级（大众级）、PG级（辅导级）、PG-13级（特别辅导级）、R级（限制级）以及NC-17级（禁止级）。电影分级并不是强制执行的制度，评级与电影内容好坏并无关联——译者注。

以确保新持有人符合相关管理要求。

- *所有权限制*。许多国家对个人或企业拥有媒体（电台、电视台等）的数量进行了限制，这是为了确保所有权和观点表达的多样化。然而，跨国传媒集团的兴起引发了政策制定者和媒体活跃分子的担忧（Bagdikian，2004；McChesney，2007）。

- *外国投资*。许多国家对外国投资者持有本国特定媒体股权的比例作出限制，通常为不超过25%～30%的非控股比例。限制外国投资者媒体所有权的国家包括美国、法国、德国、墨西哥、巴西、智利和厄瓜多尔等。

- *少数族群所有权和媒体参与度*。一些国家试图维护少数族群的媒体参与，但并非所有国家都对此制定了有效政策。尽管美国制定了若干政策来帮助少数族群获得牌照，但它们的媒体参与度仍然相当低。在一些拉美国家（如玻利维亚、巴西、哥伦比亚、委内瑞拉和厄瓜多尔），占统治地位的白人多年来一直主导着传媒领域，排挤当地的原住居民。

- *补贴和纳税*。为了表示对传媒行业的支持，一些政府会对其发放补贴。斯堪的纳维亚半岛的大多数国家（如挪威、瑞典和芬兰）都有向出版企业发放补贴的传统。此外，很多国家也会向其公共广播电台提供补贴。英国是为数不多的，以家庭为单位向居民征收执照费的国家，这些费用被用来支持英国广播公司（BBC）的运营。2009年，每个家庭每月只用支付不到12英镑，约为20美元的执照费。作为BBC主要的经济来源，执照费使得其能够向观众提供不含商业广告的节目。此外，各个政党也有资助传媒行业的传统，尤其是对报纸行业。

4.3 广告规制

在多数国家，广告是传媒企业的主要收入来源，一些国家也对广告特别是特定类型的产品广告作出了相关规定。以下是一些有关广告的规制政策：

* *播放时间限制*。这一现象多存在于广播电视行业，多数国家对每小时广告播放的时间作出了具体规定，违反这些规定将被处以罚金，甚至被剥夺播放权。

* *内容限制*。一些国家禁止播放某些类型的产品广告，尤其是在广播和电视上，这其中就包括烟草制品。美国于1971年宣布禁止播放烟草广告，英国也禁止烟草广告出现在广告牌和各类体育赛事中。

* *面向儿童的广告*。对于在节目中播放面向儿童的广告，很多国家政府在数量和类型上都作出了一定限制，瑞典和挪威两国更是禁止了儿童广告的播放。

* *虚假广告*。在很多国家，含有虚假内容或不准确信息的广告会被处以罚款甚至被起诉。但问题在于，在言论被证实为虚假信息之前，很多这样的广告早已播放完毕。

4.4 知识产权保护

从广义上讲，知识产权是人们对自己智力活动创造的成果依法享有的权利（WIPO，2009）。在此意义上，知识产权由工业产权和著作权两大类组成，包括诸如文学艺术、演出和播放、专利和商标、科学发明等方面的权利（Gantchev，2008）。本章中，我们将重点关注著作权，因为在传媒领域的大量内容产品都涉及这一权利。

数字技术的发展和互联网上共享文件的做法影响了著作权的保护。尽管原创者和经销商绞尽脑汁地保护著作权，在传媒领域每天都发生着无数的侵权行为。虽然很多国家都出台了著作权法，并尽最大努力推进著作权保护，但在数字时代这仍是个巨大的挑战，因为现实中存在着大量的P2P文件共享技术，著作权保护规则很轻易就会被"黑客"攻破。

为了最大程度地减少侵犯著作权和滥用知识产权的行为，教育是最重要的工作。作为侵权的主要群体，学生们应当接受相关教育，应该知道盗版和文件共享是如何损害传媒领域中各个行业的生存的。此外，政府监管和法律诉讼（正如唱片业中所采取的行动）也是减少著作权侵犯行为、保护知识产权的必要途径。

4.5 互联网中立性

美国和一些国家越来越关注互联网中立性的议题，该议题的核心在于互联网进入时的免费与公开——对内容、平台和接入网络的设备类型都不存在任何限制。中立性原则还意味着任何用户能够随时与其他用户或接入点轻松连接，无需缴纳额外的费用。

有关互联网中立性的讨论涉及多个方面，十分复杂。支持者，如谷歌和雅虎，认为互联网服务提供商（如电信和有线电视企业）不应向用户实行分层服务。分层服务意味着网络高级用户可通过支付更多的费用而在网络高峰期时享受更快的网速，同时，电信和有线电视企业可能将特意限制某种类型的服务速度（如 P2P 文件共享）。对此，电信和有线电视企业表示，如果不进行一定程度的区别对待，互联网的整体服务质量将会受到影响。

以下是一些国家对于互联网中立性的处理方法：

• 美国在奥巴马政府的领导下，联邦通信委员会（FCC）积极推动建立互联网中立原则。然而，互联网服务提供商对此不断发难，认为FCC互联网中立原则干涉了它们运营网络的权利。

• 欧盟方面也一直在讨论互联网中立性问题，并且有望通过一项新法令以支持该原则。意大利已经通过相关法律，保证了互联网的公平公开接入。

- 在亚洲，日本和韩国已采用了互联网中立原则。
- 在拉丁美洲国家，由于宽带普及率较低，互联网中立性还没有成为一个热议话题。

5.本章小结

本章我们讨论了传媒经济中管制的作用。我们首先讨论了全球不同类型的经济体制（计划、市场和混合）如何实施管制，然后提出了撤销管制、自由化和私有化的概念，并讨论了政府实施管制的其他方面，如税收、国防和劳动人事。

从国家或联邦级政府到州政府和地方政府，政策和管制发生在政府的不同层面。很多国家都在联邦和州层面上设有立法、执法和司法三个系统。

本章还讨论了其他影响传媒管制的因素，如行业协会、民间协会和媒体评论家。

之后，通过引入全球传媒领域的实际案例，本章讨论了特定类型的传媒管制及政策，涉及的方面包括内容管制、媒体所有权控制、广告规制、知识产权保护、互联网中立性等。

管制是一个不断完善的过程，它影响着商业和社会的方方面面。了解管制和管制过程，对于理解传媒经济的运行非常重要。在下一章，我们将把注意力转向传媒经济中另一个重要的影响因素——社会因素对于传媒发展的影响。

6.讨论以下问题

（1）管制被以不同的形式实施以影响市场和经济活动，为什么政府有必要推行管制？

（2）许多国家通过政府三大部门（立法、执法和司法）对市场进行调控。然而，在工商领域，自我管理是一个普遍现象。什么是自我管理？它在传媒管理中起到什么作用？

（3）内容（为了保护儿童）和所有权是传媒管制的两个重要方面。为什么这两个方面如此重要？各国对这两方面的管制有什么不同？

（4）互联网自其诞生以来就引发了很多法律问题，在21世纪，互联网中立性是一个非常引人关注的话题。什么是互联网中立原则？支持者和反对者各持哪些观点？

第9章
社会影响与传媒经济

本章中你将学习到：

- 消费者在传媒经济中的重要作用；
- 文化、性别、生命周期以及种族对传媒消费的影响；
- 消费者如何在传媒产品上配置时间与资金；
- 消费者为何期望大部分传媒内容均能免费获得。

本章我们将聚焦影响传媒经济的另一个重要因素——消费者。由于人口结构、数量及其偏好的变化，消费者群体也在不断发生变化。对于企业及广告商来说，赢得消费者是其生存发展的关键。企业创造内容以吸引消费者，广告商购买时间及空间以接近消费者。消费者对一个国家的 GDP 贡献巨大，在美国，消费支出预计占其 GDP 的 70%（Facts on policy，2006）。

社会层面一词含义宽泛，但在这里用来表示消费者对传媒经济各领域的广泛影响是恰当的。从这个意义上来说，社会层面指的是消费者，其通过个体及整体在传媒产品上时间与资金的不同配置，对传媒经济发展产生重大影响。

本章首先讨论消费者在传媒经济中所发挥的基础性作用，讨论将聚焦于：传媒经济中消费者的社会与文化含义，性别、生命周期及种族如何影响消费者的传媒消费。在此基础上，进一步探讨消费者的时间与资金维度，包括有关消费者对时间与资金配置的详细分析，以及"免费"内容的发展和变化。

1.传媒经济中的消费者

消费者是所有传媒企业和广告商赖以用内容和信息追求的目标。历史上，传媒经济中的消费者被认同为"大众"，传媒产业也被称为"大众传媒"，许多教育机构的学位，许多院校、系别的名称都采用了"大众传播"这一称谓。

"大众传媒"和"大众传播"，某种程度上意味着消费者是团体中的一员，由于获取传媒的渠道有限，很少能够考虑个性化的需求。在20世纪60

年代，当时只能通过地面天线接收到三四个黑白电视频道。到了70年代中期，由于有线电视的出现，消费者在家中可以接收上百个频道。新兴技术的发展和传播渠道的拓展，导致了"大众"的碎片化，对"大众观众"这一概念产生了巨大冲击。

进入20世纪80年代，传媒产业发展步伐进一步加快，往往个性鲜明、品质优良的内容才能吸引观众的眼球，例如顶级体育赛事（例如超级碗）、迷你剧以及大片等。20世纪90年代，互联网的产生宣告消费模式进入新的时代，任何人均可通过与互联网的高速连接，在网络世界全天候地获得音、视频服务。

到了21世纪，数字平台的激增（第5章已经讨论）进一步拓展了消费者的选择空间。特别是移动设备（如内置Wi-Fi连接的笔记本电脑、个人数字助理、智能手机等）的运用，极大提高了消费者选择的灵活性。

这些分化与选择迫使传媒企业以不同的视角审视观众，"大众"传媒的时代已经逝去。当前，我们正处于一个消费传媒的时代，个人可以灵活地选择并决定何时、何地、如何消费何种媒体。两个时代的对比情况参见表9.1。

表9.1　大众传媒与消费传媒的比较

大众传媒	消费传媒
发布控制	接入及选择控制
线性体验	非线性体验
有限的选择	更多的选择
有限的广告商选择	更多的广告商选择
市场垄断	竞争者众多
客观	主观、互动

2. 文化内涵

实际上，消费者从未真正成为大众中的单一个体，他们仅仅是基于年龄、性别、种族、语言、收入、宗教以及其他特征所组成的不同群体的集合。消费者因为文化背景而有所不同。关于文化背景及其怎样影响传媒运用和消费等问题，本章不作讨论。在此，我们仅提供一些简单的思路，帮助读者理解消费者作为文化存在的复杂性。

"文化"具有广泛含义，包含社会规范、价值观、信仰、习俗及历史等。我们均处于文化体系之中，我们对于该体系的理解也随着许多因素——直系亲属、同行、学校、教会及所属机构等——不断演变。我们年幼时的传媒消费习惯及偏好主要受家人的影响，但随着年龄的增长及社交圈的扩大，影响因素也逐渐增多。在传媒环境严重碎片化的21世纪，我们既可以获得书籍、报纸等传统传媒产品，也可以从数字平台上获取新型传媒内容。

2.1 性别对传媒消费的影响

John Gray（1992）的著作中分析了男女之间的特征区别，其通过对观众多年的调查研究阐明了性别是怎样影响传媒消费的。对于电视节目类型来说，女性比男性更倾向于观看电视剧、情景喜剧及访谈节目，而男性则更喜欢收看体育节目。关于电影，女性喜欢观看浪漫喜剧类型的电影，男性则更喜欢动作冒险、科幻及恐怖类型。另外，男性尤其是年轻男性，比女性更快采用新媒体技术。虽然也存在一些例外情况，但在美国，传媒消费总体上体现出一定的性别差异，参见表9.2。

表9.2 性别差异与传媒消费

项目	女性	男性
内容偏好	电视剧、情景喜剧、访谈节目、浪漫喜剧	体育、动作/冒险、科幻、恐怖、游戏
广告	通常能够容忍甚至喜欢广告	不喜欢广告，不愿受到打扰
遥控器使用	较少使用，不愿频繁更换频道	经常使用，会经常更换频道
注意力持续时间	更长	更短

2.2 生命周期对传媒消费的影响

随着生命周期的变化，我们的传媒消费习惯不断变化（Dimmick，McCain & Bolton，1979）。童年时期我们感觉重要的一些内容产品，在青少年时期要被其他内容所取代。到了成年时期，传媒消费又会发生更多变化。当进入中年和步入老年后，这种变化将继续呈现。不同生命周期传媒使用偏好的大致区别详见表9.3。

表9.3 生命周期与传媒使用偏好

组别	影响因素	传媒使用偏好
年龄较小观众（12~24岁）	家庭、同伴、社交网络	更多使用新媒体，大多用于娱乐
成年观众（25~64岁）	家庭及福利、职业及工作、经济形势	使用传统及新媒体，主要用于获取信息及娱乐
老年观众（65岁以上）	健康及退休问题、安全	更多使用传统媒体，主要关注新闻及信息

2.3 种族对传媒消费的影响

种族同样对传媒使用习惯产生重大影响。学界及业界的研究均发现，不同的种族会在内容选择、消费时间以及技术运用方面表现出差异（参见African-American TV，2007；Albarran & Umphrey，1993，1994；Arbitron，2008；Asian persuasion，2008；Umphrey & Albarran，1993）。表9.4列示了英籍美国人、非籍美国人、拉丁美洲人以及亚裔美国人对电视节目的偏好。

表9.4　美国不同种族观众的电视节目偏好

英籍美国人	非籍美国人	拉丁美洲人	亚裔美国人
真人秀	真人秀	电视剧	新闻
电视剧	运动（主流）	运动（足球）	科幻剧
运动（主流）	电视剧	新闻	电影
情景喜剧	情景喜剧	音乐	音乐

性别、生命周期以及种族对传媒消费的不同影响，进一步阐释了本章的一个重要观点，即观众并非一个大众存在，而是根据这若干变量集结起来的众多群体的集合。除了性别、生命周期以及种族外，还有许多影响传媒消费的变量，例如收入水平、教育水平、技术使用等，本章对此将不再讨论。这些变量使得理解个人及其传媒消费成为传媒经济中最有趣但又最具挑战性的内容之一。

3.消费者对时间与资金的配置

除了性别、年龄及种族，我们可以通过第3章中提及的配置概念来进一步探讨个人传媒消费习惯及偏好。在该部分，消费者配置包含两方面的重要决定：在传媒相关活动上花费多少时间及花费多少资金。

配置决定与供求运行直接相关。作为个人，我们都受到相同的时间限制——一天仅有24小时，而通常在一天内，我们要参与很多活动。至于经济条件，大多数人都只有有限的资金供给，因此个人在决定如何配置资金时，须同时考虑所需与所想。

配置决定可以简单，也可以复杂。每个人的配置决定方式不尽相同。我们会不加考虑地作出一些配置决定，例如开车时打开收音机，阅读喜欢的杂志或是在闲暇时看电视。但是，这些快速决定同样也是一套更大的决定的一部分。例如，如果我们订阅了多频道电视服务，通过有线、卫星或网络电视收看节目，我们就是作出了有意识的决定，即每月花费相当数量的资金在电视服务上。同样，如果你每月从Netflix或Blockbuster上租用电影，这也是作出了配置决定。如果你购买或订阅了杂志，这同样也是作出了配置决定。

个人及家庭层面上的配置决定关乎广告商和传媒企业的利益，因为这些决定最终将影响广告商与传媒企业的经营效益。考虑到传媒平台的普遍性以及传媒内容的多样化，配置决定已变得愈发重要。

3.1 消费者在传媒上的时间配置

消费者在传媒产品上的时间配置是理解传媒经济的一个重要视角。花费在传媒产品上的时间，反映了个人对传媒产品的需求（Albarran & Arrese，2003）。随着传媒经济的发展，传媒产品形态更加多元，花费在传媒产品上的时间可以用不同的方式考量。电子传媒方面，Arbitron广播与Nielsen统计的收视率反映了电视产品的消费趋势及类型。电影方面可以通过票房、租赁及DVD销售情况来反映。印刷产品（报纸、杂志、书籍）则通过印制品销售量及阅读时间来统计。网络活动可以通过网页和平台的点击量及浏览时间来测算。

在美国，人口普查局每年均发布年度数据汇编，即《统计摘要》（*Statistical Abstract*）（参见 http://www.census.gov/compendia/statab/）。该数据来源于社会不同层面，其对传媒方面的时间配置进行了观察分析。表9.5为部分数据。

表9.5　每人每年预计使用传媒时间（小时，被调查者为12岁以上）

类别	2009年	2010年	2011年
电视（无线）	673	673	669
电视（有线/卫星）	1 041	1 055	1 073
广播（无线/卫星）	760	758	751
报纸	162	158	154
网络服务	184	184	183
视频游戏	91	94	100
杂志	114	112	110
图书	109	109	110
其他	435	426	474
总时长	3 569	3 569	3 624

来源：美国人口普查局（2009）

表9.5显示了传媒消费方面一些非常有趣的趋势。我们发现大部分的"传统"媒体（无线电视、广播、报纸、杂志）的使用时间在不断减少，而"新"媒体（有线和卫星电视、视频游戏）的使用时间在不断增加。表9.5中还未包含手机的使用，但毫无疑问，消费者在日后将会给智能手机分配更多的时间。但或许这其中最有趣的趋势是，传媒消费的总体时间在逐年增加，这进一步显示了传媒经济的另一重要方面。

对于一位普通的美国成年人来说，一年中3 000余小时花费在传媒上意味着什么呢？让我们将这一点同另外两项活动放在一起考虑，这两项活动对人类来讲同样重要，即工作和睡觉。我们假设，成年人平均一年要工作44周，一周工作40小时，那么，他一年需要工作1 760小时。我们再假设，平均每人一天要睡觉7小时，那么一年就是2 555小时。表9.6总结了美国人怎样在上述事项中分配时间。

表9.6　年度时间分配的估算（2009年，被调查者为18岁以上成人）

	总时长（小时）	时间配置
传媒使用	3 569	41%
工作	1 760	20%
休息/睡觉	2 555	29%
其他	876	10%

来源：作者汇编

在既定的一年中，我们每个人均有不多不少的8 760小时可供分配。尽管表9.6中的信息为假定信息（你每年的工作时间可能会多于44周，或每天睡眠时间少于7小时），但它确实表明了个人会花费大量时间在传媒方面，多于工作或睡觉的时间。当然，我们知道许多媒体活动以多任务形式展开：

我们在开车或工作的同时可能会听音乐，在浏览网页或阅读杂志时也可能会看电视，不管是在家庭还是在工作中都会有大量的传媒消费。

3.2 消费者在传媒上的开支

在讨论了消费者在传媒方面的时间配置之后，接下来需要考量的问题是，消费者在传媒及传媒相关产品和服务上花费了多少资金。McCombs（1972）是首批研究这一问题的学者之一。该学者对相对常数原则（PRC）进行了研究，分析了当时的消费数据，得出结论，大部分家庭将其收入的3%用于传媒相关产品及服务。后续的相关研究既有支持这一观点的（McCombs & Nolan，1992），也有质疑这一观点的（Wood，1986）。一些学者用其他国家的数据检验PRC原则，还有一些学者用其检验新技术对传媒消费的影响（如Dupagne，1994；Dupagne & Green，1996；Hedges，2009；Noh & Grant，1997）。来自《统计摘要》的数据资料既包含消费者在传媒方面的支出信息，也包含对一定时期的预测。表9.7为2009—2011年的预测信息，全年个人开支以美元为单位。

表9.7 美国个人传媒消费预测（被调查者12岁以上，单位：美元）

种类	2009年	2010年	2011年
电视（有线/卫星）	375	394	411
家庭录像	129	132	132
图书	106	108	111
网络服务	59	63	66
唱片	44	45	46
报纸	47	46	46
杂志	45	46	46
电影	44	45	48
视频游戏	44	47	52
消费总数	929	969	1 010

注：该表未包含全部传媒产品
来源：美国人口调查局（2009）

结合之前的传媒消费时间分析，这些数据揭示了一些有趣的趋势，以下是一些主要发现：

- 个人传媒消费逐年增长，平均每年增长约4%。

- 有线及卫星电视在开支中占最大部分，预计占到传媒消费总数的40%。家庭录像占第二位，为13%，图书消费的份额为10%左右，排名第三。

- 网络服务及视频游戏所占份额逐渐增加，而报纸、杂志及唱片的份额有所下降。

- 电影票房尽管所占份额较小，但积极增长。

传媒支出与家庭收入有怎样的联系？我们结合其他的一些数据进行分析。根据美国人口调查局的数据，2007年（最新数据）美国家庭收入中位数约为50 007美元，家庭平均人口为2.6人（见Fact sheet，2009）。2007年，人均传媒开支预计为838美元。将这一数字乘以家庭人数2.6，可得出家庭传媒总支出——预计达到2 179美元。将家庭总支出除以家庭收入（2 179美元/50 007美元），我们发现，在美国平均4.3%的家庭收入用于传媒消费，该数字高于McCombs（1972）最初预计的比例（3%）。当然，这可能是由于在21世纪，传媒选择、传媒平台以及可获得内容的数量增加的缘故。

本章前半部分已经提到，观众是许多群体的集合，这些群体在年龄、性别、收入、教育程度以及种族上各有特点。因此应该注意到，当我们从宽泛的视角来观察这些数据时，许多个体差异并未被考虑进来。例如，我们知道家庭收入这一变量会影响传媒消费，当家庭可支配收入增加时，人们对传媒产品及服务的购买力就会更强。与低收入家庭相比，高收入的家庭更可能订阅报纸。在教育方面，通常情况下教育水平与看电视时长成反比，教育水平越高，看电视时间越少。此外，与老年人相比，年轻人更可能成为互联网的主要消费者（Scarborough Research，2009）。

本章的数据及分析呈现了个人在传媒上的时间分配及开支概况。从分析中我们可以得出两个主要结论：第一，消费者在传媒活动上花费的时间不断增加；第二，消费者每年在传媒上的花销也不断加大。这两个趋势清楚地表明了消费者对整个传媒经济的重要性。

问题依然存在，即这两项增长的趋势将会持续多久呢？或者换言说，花费在传媒上的时间及资金将会在哪个时间点保持不变或下降？只有继续进行更加深入的研究和分析才能明确地回答这些问题。但也有人认为，如果除了时间的稀缺性以外再无其他原因，那么我们可能正在接近传媒使用的临界点。

4. "免费" 问题

互联网的空前发展给传媒产业带来了巨大影响，尤其是对传统传媒产业，这些产业正在努力寻找方法与其替代物数字平台进行竞争。正如Anderson（2009）所说，传统传媒产业面临的一个重大问题是，消费者过去常常免费获得大量网络内容。许多消费者嘲笑为网络内容付费这一观点，因为那些精明的使用者清楚，如果无法在这一网站或平台上获取某项内容，他们也可以在其他地方获得这些内容。

由于 Napster 点对点音乐服务的出现，唱片业的商业模式受到严重冲击，该服务使得音乐能够免费下载，即使这被证明是侵犯知识产权的活动，Napster 也没有停止非法下载活动。据国际唱片业协会（IFPI）预测，每年约有数百亿的音乐文件被非法下载（IFPI，2008）。起初，电视业抵制提供线上内容，但最终屈服，允许通过 Hulu.com 及 TV.com 等服务商免费提供网络节目。报纸业很快也将内容移至网络，杂志业亦是如此，它们希望通过网上的内容来吸引读者。但到 2009 年秋季，许多该类型企业宣称它们将开始对网络内容进行收费，"免费"这种商业模式也许并不是长久之计。

Anderson（2009）认为，企业将不得不采用"免费增值"的商业模式，也就是说，一部分内容能够免费提供，但是优质内容仍需按次付费或订阅。这一主意已不是一个新的尝试，该做法之前已被用于印刷及电子媒体，但是成效甚微。在第 5 章中提到的 wsj.com 网站之所以能够对其内容进行收费，是因为金融领域的人们需要全天候地获取这些信息。

作为一种商业模式，对于某些类型的内容来说，"免费增值"最终可以产生一些利润，但要让消费者为已习惯免费获取的内容付费仍然非常困难。提供免费内容的网站名目繁多，且数目在逐年增长，同时，许多消费者如果得不到第一选择，他们将会单纯地寻找替代品。我们回想一下传媒内容的交叉弹性，消费者会寻找最接近的替代品，虽然这些替代品并不完美。对于那些习惯于免费模式的消费者来说，只有开发出一些真正激发其兴趣的内容产品，才能促使他们开始付费。

5.本章小结

消费者是影响传媒经济发展的关键要素，本章试图以不同视角观察消费者，从而从社会层面来理解消费者。历史上，传媒产业把消费者看作是大众群体，但由于内容产品选择范围的不断扩大及观众群体的日益碎片化，这一观点在21世纪并不适用。

消费者展现的信仰、价值观及习俗不同，文化背景各具特点，性别、种族及生命周期不同，这些都对其传媒消费产生影响。

消费者最终决定在传媒产品上的时间与资金配置。本章回顾了时间与资金配置的有关数据，同时发现两个显著特征：近年来，个人传媒使用时间不断增加，传媒开支也逐年增长。这两种趋势还会持续多久，这一问题仍有待解决。

由于许多传媒行业面临客户流失及广告收入下降的境况，传媒企业不得不重新思考它们能够提供的免费内容的数量。随着传媒企业开始对线上内容收费，我们还不确定有多少消费者会愿意付费，尤其是为那些已习惯于免费获得的内容付费。消费者会对 Anderson（2009）提到的"免费增值"模式作何反应，还有待于观察与分析。

如果历史能够为我们讲述，它会告诉我们观众在不断演进，不仅表现在年龄、性别、种族及生命周期方面，也表现在习惯、品味及偏好等方面。传媒产业发现其正处于极具挑战性的阶段，技术发展使得传媒经营空间无限广阔。与此前不同的是，消费者现在完全可以控制什么时间花多少钱在什么传媒产品及服务上。

6.讨论以下问题

（1）消费者在传媒经济中扮演重要角色，"消费者传媒"与"大众传媒"有何不同？

（2）在文化内涵部分，我们讨论了性别、生命周期及种族对传媒消费行为的影响，你是否同意本章中这一部分所提观点？为什么？

（3）"消费者配置"指的是什么？配置这一概念如何影响传媒消费？

（4）本章详细描述了两个增长趋势——花费在传媒方面的时间与资金在逐年增加，你认为这些趋势会持续吗？为什么？

（5）本章中讨论了为消费者提供免费在线内容的相关问题，一些传媒企业为了生存可能会要求消费者为其内容付费，你认为消费者最终会为大部分内容付费吗？你是否愿意为内容付费？如果愿意，会为哪些内容付费？

第10章
传媒经济中的财务、估值和投资

本章中你将学习到：

- 财务及财务管理的基本方面；
- 工商企业采用的主要财务报表；
- 预算流程，预算与资本预算的区别；
- 估值以及传媒经济中采用的估值模型；
- 不同类型的投资及其在传媒经济中的应用。

本章将讨论财务、估值及投资在传媒经济中所扮演的角色，任何以盈利为导向的商业活动都必须关注这些议题。"财务"是一个广义的术语，用以表示企业所有者和经营者对资金和资本的筹措、运用和监督活动。估值主要关注企业的市场价值，可以针对整个经营实体，也可针对某个特定的部分。估值的用途广泛，从企业的公允市价计量到潜在并购定价，再到税务负担测算等方面均有涉及。投资是企业为了实现成长和增值所进行的一系列资金投入活动，投资关注于企业的长远发展，涵盖众多的领域。

1.财务与财务管理

简单说，财务表现为资金在企业中的流入与流出。企业管理者必须了解企业财务的各个方面，而大多数无法做到这点的企业都存在财务管理不善的问题。财务管理是企业管理的一个组成部分，存在于企业组织的各个层面，是对企业财务活动和财务关系的系统处理。

财务管理目标通常由董事会和管理层制定，并以季度或年度为基础。设定财务目标的时候，必须将一切影响企业经营的外部因素考虑在内，包括经济形势、监管政策、税赋和技术因素等。管理团队的成功与否往往体现在企业是否具有完成或超额完成财务目标的能力上。

在过去的许多年中，完成财务目标对传媒企业而言不在话下，传媒产业曾被认为是"提款机"。但随着时间的推移，市场竞争日趋激烈，技术变革日新月异（正如第5章和第6章中所讨论的），大量资金从传统媒体流向网络或数字媒体，传统媒体行业收入下滑。自2007年开始的金融危机使传媒产业境况更糟，由于经济低迷，传媒企业面临着大量广告的流失

（特别是来自汽车业、零售业和金融服务业的客户）。传媒企业意识到这种行业经营的"新常态"，这种"新常态"还伴随着失业率上升和信贷市场紧缩的现实。

因此，比起21世纪之初，传媒企业变得更加精干，这也意味着该领域更少的就业机会及在通常情况下更低的收入。不管是推销广告还是获取信贷，传媒经营比以前都更为艰难。在激烈的竞争中，财务预算、财务目标成为企业经营关注的重点，传媒产业把财务管理提升到了前所未有的高度。

2.基本财务概念

本部分将立足于传媒产业，详述一些在财务管理中运用的概念。请注意这并不是对财务的全面讨论，只是一个比较宽泛的介绍。如需了解更多企业财务的细节，需要参阅图书馆或书店的其他相关书目。

2.1 资产

资产是具有价值且最终能转换成现金的经济资源，既包括方便兑换成现金的"流动性"资产，如支票、存款证明、债券、股票和共同基金等，也包括"持久性"资产，如建筑、设备、车辆和土地等。这些持久性资产同样具有价值，但它们转化成现金的周期比流动性资产更长。资产是理解财务的一个重要方面，一般来说，管理团队承担着扩充企业资产并使之不断增值的责任。

资产也可以是无形的，例如，特许权和合同被视为无形资产，它们在特定时间段内具有价值。知识产权也是无形资产。当一个电影制片厂与某知名导演签订系列影片拍摄合同时，导演的个人才华和过往业绩（他们已获得的知识产权）将对电影票房、DVD 销售产生重大影响，演员、歌手和作家都有这一情况。盗版对知识产权是一巨大威胁，由盗版造成的潜在收入损失往往难以计量。

2.2 负债

负债指的是企业债务或欠款。任何经营活动都难以避免产生债务，传媒产业也不例外。企业可以通过负债以置办资产、拓展经营，对其扩大市场份额的活动进行支持。但滥用负债，导致财务杠杆过高，则会使企业陷入经营风险。2008 年，我们在金融行业看到了这种现象，当时的一些公司（如雷曼兄弟、美林和美联银行）或宣告破产，或被同行收购。一些广播公司（如 Clear Channel、Citadel、Cumulus）也在广告合约锐减的当下疲于应付巨额债务。

从会计的角度来看，债务至少可分为两种：短期债务是在一年内偿还的债务；长期债务则指的是偿还期限较长（如 5 年、10 年、20 年，甚至 30 年）的债务。若企业的债务总额大于其资产总额，则被认为处于"资不抵债"状态。由于在偿还债务时，本金（实际借款）和利息会一并计算，因而企业在借款时会尽其所能争取最低利率。

2.3 贷款

贷款是放贷人向借款人出借资金，并按一定利率和期限等条件收回本息的一种资金融通行为。传媒企业向其他商家和客户授予信用，同时也利用自己的信用向其他放贷人贷款。

在广告经营中，传媒企业通常向其广告客户开具相关票据，约定在一定期限内完成广告费用支付。从这个意义上讲，传媒企业是在向其客户授予信用，允许客户将广告费支付时间延至广告按计划播出之后。如广告客户如期付款，则通常不再收取利息。这些应收账款（会计学中的称谓）成为基础资产中的一部分，因为这一科目代表最终应属于传媒企业的相关资金。

传媒企业必须认真管理自己的应收账款，并且在必要时追讨逾期欠款。逾期欠款会影响企业财务的稳定性，如果传媒企业无法依靠自己的力量追回欠款，则要转向寻求外部追讨机构的支持，虽然这样做费时费力，但为了避免坏账产生，这些措施有时是不可或缺的。

传媒企业也向贷款人贷款以支持企业经营。为了保持良好信誉以获取最佳贷款利率和期限，企业应对信贷活动严格管理，按期偿还贷款，保证抵押物足值。抵押物在这里指的是企业持有的资产，其中包括土地、建筑物、设备、应收账款、现金和其他投资等。

尽管自2008年金融危机以来信贷大幅紧缩，但金融市场仍存在不少可能的信贷渠道。以下就是传媒产业常见的一些信贷渠道：

● 商业银行。这一渠道指的是商业银行向客户提供的信贷服务。作为最传统的信贷形式，商业银行也被称作高级贷款人。银行贷款分为短期贷款和长期贷款，并有多种形式，不仅有担保贷款（需要资产抵押），还有信用贷款（不需要资产抵押）。一般来说，银行贷款的利率时常受市场形势、信用记录和业务风险的影响。

● 保险公司。保险公司是另外一个融资渠道，这种融资模式通常被称为夹层融资，借款可能会以债券或其他金融工具的形式发放。这种融资成本较高，其利率通常也高于银行贷款。

● 风险资本。风险资本主要为新兴企业和创业活动提供股本融资。风险资本是成本最高的融资形式，出资人不仅期望以高利率收回本息，而且往往还要求在企业中获得股权，这也是这种融资被称作"股本融资"的原因。

2.4 所有者权益

所有者权益具有多种不同的内涵，但在这里，我们仅关注其在财务会计方面的含义。从财务会计上看，所有者权益是指企业所有者对企业净资产的要求权，是企业资产扣除负债后由所有者享有的剩余权益。

任何企业的财务都可以被看作是资产、负债和所有者权益的总和。这三个相互关联的概念构成了最基本的财务报表——资产负债表的要素。接下来，我们将讨论财务报表。

3.财务报表

财务报表被用来监测企业财务状况，确保财务运行与财务准则相符。财务报表由会计整理记载，反映在某一时期，如一年、一个季度、一个月或一周中企业的经营活动。企业财务报表对内对外均有众多运用。对内而言，企业高管和中层通过财务报表以跟踪企业的营收增长、利润表现等经营状况。对外，分析师和投资者通过财务报表以独立评估企业的财务状况。

商业活动中的财务报表有多种类型。你可以在某个公众企业的网站（通常是在投资者关系栏目）查看该企业的财务报表，也可以使用像律商联讯这样的电子数据库，还可以查看企业的年报。根据美国通用会计准则，企业财务报表主要分为以下四种：

● 资产负债表。资产负债表包含三个部分：资产、负债和所有者权益（此三个部分已在本章前几节进行过介绍）。在资产负债表中，资产等于负债和所有者权益的总和，因此其也被称为平衡表。资产负债表是对企业在某个时点整体财务状况的总结，还可以将不同时点的财务状况进行对比。

● 利润表。利润表也称盈亏表，或经营状况表，反映一定时期内的企业经营状况。利润表由两个部分组成，即营业收入和营业支出。当收入大于支出时（这是理想状态），企业便盈利。相反，当收入小于支出时，企业便亏损。

● 现金流量表。现金流量表用来追踪一定时期内现金在企业经营中的流动，几乎所有的企业经营活动都与现金流息息相关。企业主营业务产生现金流的能力，通常用企业未计利息、税项、折旧及摊销前的利润（息税折旧及摊销前利润）来衡量，这是决定着企业估值水平的关键变量。企业估值将会在本章稍后部分进行讲解。

● 留存收益表。留存收益表是另一种广泛使用的财务报表。本部分所述的四个报表中，留存收益表内容最为简单，因为该表仅关注企业一定时期的留存收益变动情况。该表总结了企业的盈利或亏损，报告了股东的分红、企业的利润留存和其他的相关内容。

财务报表须经外部会计机构审计确认，以保证报告的准确合理。在美国，2002年有几家公司被发现非法篡改本公司的财务报表以误导大众（其中包括安然、泰科和世界通讯）。基于此，美国国会通过《萨班斯-奥克斯利法案》，该法案要求每个首席执行官都要保证其公司财务报表的真实可靠，如出现问题，首席执行官将会面临处罚，其中包括入狱的可能。该法案也被称作《公众公司会计改革与投资者保护法案》，各公司为确保符合新法规定，不得不投入大量资源以完善内控机制，包括大量的时间和人力、财力的投入。但该法案的出台减轻了大众对财务报表的担忧，增强了公众公司的社会责任感，因此其出台具有现实必要性。

4. 预算、折旧和摊销

预算是企业的一项管理职能，企业通过预算对未来一段时期（通常是下一个财年）的收入和支出进行预测、估算。预算程序包括从搜集由各部门提出的预算方案到将它们整合到总预算方案中，总预算方案通常是经过修订的版本（Albarran，2009）。一旦预算确定，财务报表便被用来保证企业朝着财务目标运行，在必要时，可对预算作出相关调整。

通常，企业有两种类型的预算：经常预算和资本预算，二者的区别很简单。经常预算是对在一年或更短时期内每日的收入和支出进行预测。资本预算则针对昂贵的设备和技术购置或其他大型支出，通常涵盖了几个预算年份，其本身就是一个对大型支出进行分析的过程。

预算还包括进行长期预测（预估长期收入）和盈亏平衡分析（确定需要获得多少广告和其他收入以覆盖所有必要开支）。预算也需要具有灵活性，因此大多数企业建立了一些应急预算以应对计划之外的支出。这一点在传媒产业中十分重要，以新闻制作为例，制作费用会随国内或国际重大事件的发生呈指数级上升。

折旧和摊销关系到长期资产的价值评估（长期资产就是存在超过一年的资产，如在资本预算中讨论过的资产类型）。随着时间的推移，许多资产都要按照其使用年限每年分摊购置成本，也就是进行折旧和摊销。

折旧和摊销的区别在于，折旧是针对建筑物、交通工具等有形资产而言的；摊销则是针对专利权、特许权等无形资产而言的。折旧和摊销都从企业净收入中扣除。根据资产类型，折旧和摊销有多种计算方式。由于税收制度有时会调整，企业必须及时知晓折旧和摊销的有关政策要求。

折旧和摊销之所以对企业十分重要，是因为它们帮助企业在时间推移过程中重新评估资产价值，还帮助企业减少应纳税额。从这个意义上讲，折旧和摊销也被称作对财务报表的"非现金"调整。

5.估值

估值对于任何一个企业而言都十分重要，对于传媒企业来说，其意义尤为特殊。估值主要回答一个问题：一个企业的市场价值是多少？估值建立在系统分析和供求关系的基础上，系统分析指的是分析师、经纪人、投资银行家和其他利益相关者使用模型以评估传媒企业的价值。

供求关系也会影响估值。当供小于求时，估值通常会上升；相反，当供大于求时，估值通常会下降。还有一个情况是，即使市场对价值作出了估量，并不等于一定有买主会以该价格进行交易。让我们举一个简单的房地产市场的例子，比如说一所房产以公允市价计，价值25万美元，这个估值是基于当前市场状况和因素得出的，体现的是在最佳情况下房子在当地市场中的售价。但也许买家的出价会低于 25 万美元（当供大于求时）或高于 25 万美元（当供小于求时）。最终的实际售价将由买卖双方协商达成。

相较于一桩房地产交易，对传媒资产进行估值的程序要复杂得多，但理论上来讲，二者的理念都是相同的。在对传媒资产进行估值时，有一个基本假设是买卖双方都很积极，双方皆有一定文化水平并对交易有一定了解，双方有足够的时间浏览所有材料和财务报表（Albarran & Patrick，2005）。在必要时候，比如广播电视台易主，控股权转移需得到政府部门（比如联邦通讯委员会）的批准。由于所采用的估值模型不同，传媒估值结果也会有所不同，下面将对这些模型进行讨论。

对传媒资产进行估值可采用几种不同的模型，包括现金流乘数模型、收入乘数模型和现金流折现模型。不论是一般模型，还是复杂模型，所有模型都建立在定量指标的基础上。其中，现金流折现估值法是最被广泛认同和接受的主流价值估值法。这一模型在资本市场发达的国家中被广泛应用于投资分析和投资组合管理以及企业并购和企业财务等领域。现金流折现估值法的基本原理是企业的价值等于其预期未来全部现金流的现值总和，即通过选取适当的折现率，折算出预期在一定时期内可能产生的全部现金流之和，从而得出企业的价值。

现金流折现模型有两个关键的假设：收入逐年增长，因此带动现金流逐年增加。但据我们的观察，在金融市场和传媒市场如此波动的 21 世纪，收入有时还会有所下降。更进一步说，我们还可以预测传统媒体将持续呈现一个缓慢而长期的不断流失广告客户和受众的趋势。

Albarran 和 Patrick（2005）对现金流折现模型进行了详细的考察。现金流折现模型是上述三个模型中最为复杂的一个，其涉及的变量众多，计算方法也更加复杂。Albarran 和 Patrick （2005）还指出，许多经纪人（尤其是在广电行业交易中）会同时运用这三个模型，综合这三种评估方法以确定公允市场价值。我们认为，就一般而言，现金流乘数模型和现金流折现模型的参考价值各占40%，收入乘数模型则占余下的20%。

6.投资

投资是与财务和估值相关的另一个重要话题，对每个企业发展都至关重要。简单来说，财务上的投资就是把资金投入到某个企业、项目或经济活动，以获取经济回报的商业行为。投资的主要目标是实现初始资本随着时间推移的不断升值，购买股票、债券、基金乃至购买企业股权都是投资。企业经营中存在着众多的投资决定。在本章的这一部分，我们将了解一下传媒企业经营过程中的几项重要投资。

6.1　公众或私人所有

企业是由公众还是私人所有是企业最基本的投资决定。若一家企业为公众企业，则意味着投资者可以在该企业上市的任何一家交易所购买其股票。公众企业受多种规则的约束，且在各国的监管情况下不尽相同。

在美国，企业在各州注册成立。许多企业选择在特拉华州注册，因为该州不仅没有企业税赋，还制定了其他鼓励措施。在企业成立过程中，投资者们（机构和个人投资者）需要选举董事会，并对章程修订等有关重要事项进行投票表决。机构投资者包括保险公司、退休基金和其他企业等经营实体。公众企业须召开年度股东会议，并按照要求提交相应的财务文件和报告。

不同的是，私人企业不在公共市场募集任何股份，因为其所有权均由私人投资者控制。与公众企业不同的是，私人企业无须公开财务报表和季度报告，也不需召开年度会议，但同样要受税法和有关法律的调整和约束。

在过去，成为公众企业是大多数传媒企业的发展目标，而在21世纪（尤其在美国）则出现了一些私人投资者买断企业的案例，将此前的一些公众企业（如 Univision、 Clear Channel Communications）变成了私人企业。为什么会出现这样的形势？随着传统媒体发行量、广告收入下降，利润率也开始下滑，而投资者仍期望获得以往的高回报、高收益。目前，华尔街对传统媒体已不抱希望，认为它们的黄金时代已经过去，消费者纷纷转向网络和其他数字平台。面对这样的压力和无奈，一些企业不得不寻求"出售"以转型为私人企业。

这种趋势是否会持续或成为常态还不好下结论。以 Univision 和 Clear Channel 来说，他们的新东家承受的巨大债务压力，自收购完成之日便持续影响着公司的财务表现。加上在 2008 年重创美国的金融危机，导致信贷投放更加趋紧，大规模的并购交易更难以达成。

6.2 股票

公众持股公司需要决定向公开市场发行股票的类型。通常有两种比较典型的股票：普通股和优先股。普通股是大多数个人投资者通过线上账户和经纪人购买的股票类型。普通股也有不同的种类，例如，维亚康姆在纽约证券交易所（NYSE）对个人投资者发售 B 股普通股股票。

优先股是更高级别的股票，通常只对机构投资者或内部投资者等特定对象销售。相对于普通股股东，优先股股东有两方面的权利，即股利优先分配权以及在企业清算时的优先受偿权。

6.2.1 股利

在考虑向公开市场发行何种股票之外，企业还需考虑是否按季度向股东配置股利。股利代表了企业利润的一部分，也常被称为股票产生的红利。回忆一下，留存收益代表了企业选择将一部分利润留存，那么股利则是将利润作为回报，按季分配给股东。

股利对于投资者很重要，因为其代表了投资者们的投资回报。假如一个企业年股利1美元，那么该企业每季度将以25美分一股的股利，总共四季度，配发给股东。但是，如同我们中的许多人2008年经济衰退时的遭遇一样，在不稳定的经济环境中，不仅股票贬值，许多企业也降低甚至取消了股利以节省现金支出，借此优化资产负债表。包括传媒企业在内的许多企业，在经济状况逐步改善时仍然是非常谨慎地恢复股利，原因很简单，就是担忧下一次衰退的到来以及获得未来资本的挑战日益加大（Zuckerman，2009）。

6.2.2 股票回购

另一个经营者需要考虑的问题是回购本企业的股票。回购股票主要是为了增加股票的市场价值，这在经济扩张和衰退时期都可能会运用。当一个企业回购自己的股票时，就会有效地减少公众持有的股份。如果利润保持与回购前不变，那么每股收益将会上升，因为收益不变而股数减少。在美国，有多种方法可以回购股票，其中包括在公开市场上购买。2008年经济衰退的另一个影响就是股票回购减少，因为企业在这一特殊时期需要持有更多的现金。

6.2.3 股票分拆

当企业想要增减股票数时，就会采取股票分拆的方式。在任何情况下，股票分拆后股价都会被调整，而股票的市场价值仍保持不变。股票分拆后，该企业的总发行股数增加。在十送十的股票分拆中，企业会给已持有股票的股东增股，所以，如果在分拆之前，某投资者持有100股，通过十送十的股票分拆后，他所持股份上升至200股。比如，分拆前每股股价20美元，分拆后股价则为10美元。这种情况下，企业的总发行股数翻倍，但这并不影响公司的整体价值。从历史上看，一个企业采取股票分拆或是因为它的股价与其他竞争者相比过高，或是想要吸引相对较小的投资者。

反向分拆（即并股）则有相反的效果。在某企业的股票下跌的情况下，该企业可能会进行反向分拆股票以提高股价。如果该企业进行十股并一股反向分拆，那么一个曾拥有100股股票的投资者在分拆后便仅持有10股了。如果在分拆前，每股股价为25美分，那么分拆后股价则会升至2.5美元。就像常规分拆那样，企业的股票市值保持不变，但是总发行股数减少了。股票反向分拆需经过该企业董事会批准，一般在企业经历严重的财务危机时才予以考虑。

6.3 研究与开发

与投资相关的另一个问题是，企业的资金有多少会被投入到研究与开发当中。研究与开发支出即人们常说的R&D，在不同产业中的情况也有所区别。在一些领域，例如医药和高科技，每年有大规模资金投入研发。传媒企业也需要根据其所从事的领域在研发上进行投资。一家以内容为导向的企业会投资以研发新的编程，改善现有的内容制作方法。发行企业会在与技术相关的研发上进行更多的投资，以便优化消费者选择、扩大品牌认知度及增强信息存储能力。通讯企业通常持续进行研发投资，这样才有了在光纤和智能手机领域的一系列创新。一般来说，各个企业研发资金所占收入比重通常要与其竞争对手相当。

6.4　并购

并购是另外一种形式的企业投资。纵观美国著名传媒企业，几乎没有一家不是以某种方式，在某种程度上应用了兼并、收购发展起来的。从迪士尼并购大都会美国广播公司到维亚康姆并购哥伦比亚广播公司均显示，大型传媒集团的发展史，从某种意义上讲就是一部并购史。并购可增强市场控制，提高经营效率，分散经营风险，实现规模经济和范围经济，提升企业核心竞争力。[①]并购是一项复杂的系统工程，其实施需要把握适当时机，谨慎开展尽职调查与价值评估，妥善设计融资方案和整合流程，通过各方面、各环节的协调配合，努力实现并购双方的协同效应，为传媒企业创造更多的价值。

7.本章小结

本章讨论了财务、估值、投资的作用，并列举了其在传媒经济中的示

---

①　并购通常可分为横向并购、纵向并购和混合并购。横向并购是对处于同一细分行业,同一产品市场企业的并购;纵向并购是对属于上、下游或前后生产工序的企业的并购;混合并购是指发生在不同市场、行业之间的企业扩张行为。横向并购可提高市场实力、增强协同效应,纵向并购可推进从内容、传输到终端的纵向一体化,混合并购可实现跨行业、多元化发展——译者注。

例。财务具有丰富的内涵，本章介绍了财务的主要概念，包括资产、负债、所有者权益及信贷等。在财务报表方面则介绍了资产负债表、利润表（也称P&L表）、现金流量表以及留存盈余表。

预算是预测收入和支出的行为，是所有企业每年都要进行的活动。企业预算包括年度预算和常规预算，还有专门的用于购置长期资产（超过一年以上）的资本预算。

估值在商业经济中有多种含义，本章中所讨论的估值主要涉及如何确定传媒企业的公允市场价值。供需关系影响估值，市场条件也对估值产生影响。本章列举了传媒产业使用的主要估值模型，着重介绍了现金流贴现模型。

最后，本章围绕投资议题，从决策角度审视了投资。所涉及的相关议题有：公众和私人所有企业的差异，不同类型股票的差别，企业分红的考量，股票回购和股票分割，研究与开发以及潜在并购等。

财务、估值和投资的相关知识是理解传媒经济的重要方面，对这些方面的了解也有助于在日常生活中管理个人的财务状况。由于税法及其他相关法律也会随着形势变化而修订，企业及个人不断保持对这些知识的学习非常必要。

8.讨论以下问题

（1）什么是财务管理？它如何运用于工商企业？

（2）财务报表在企业内部及外部都发挥着重要的作用，具体讨论一下企业内部及外部如何运用财务报表。

（3）常规预算和资本预算有何区别？如何进行资本预算决策？

（4）传媒经济中的大多数估值模型都与现金流有关，什么是现金流？为什么它在评估传媒资产价值时如此重要？

（5）工商业投资决策与我们个人平时所作的决定迥然不同，企业投资决策包含哪些方面？

第11章
传媒经济中的劳动力

本章中你将学到：

- 为什么劳动力是传媒经济的重要组成部分；
- 关于劳动力与传媒经济为数不多的几项研究；
- 美国总体就业形势；
- 美国传媒行业就业形势。

就业是任何一个国家衡量经济状况的关键指标。就业为企业生产提供劳动力，反过来员工获得工资可以刺激其消费、增加储蓄，满足个人对生活水平提高的需求。创造和增加就业机会不仅对每个国家的经济至关重要，同时也是政府部门和私人部门的共同目标。所有面临高失业率问题的国家都告诉我们，就业问题不容小觑。

1. 全球就业形势

不论是对政府部门，还是私人部门的研究人员，劳动力和就业形势历来都是热议的话题。劳动力有多种分类方法，国际劳工组织（英文简称ILO，www.ilo.org）作为收集超过200个国家就业数据的非营利组织，将就业领域划分为农业、服务业和工业（制造业）三大类。

ILO统计数据显示，2009年末全球就业总人口预计达28亿人（15岁以上），而失业人口预计达2亿多人，这就意味着全球失业率正在攀升并超过6%。由于全球经济衰退，2008年和2009年两年均出现了负的就业增长。

2007年12月，美国及其他许多工业化国家陷入严重的经济衰退中。事实证明，此次经济衰退造成的损失和影响出乎所有人的意料。到2008年底时，股市和全球大部分经济体经济形势骤降，于2009年3月降至最低点。美国经济遭遇1931年经济大萧条以来最困难的时期，同时还面临住房和金融危机、原油价格波动等难题。

在此形势下，企业削减就业岗位，降低减少成本以维持经营，美国的劳动力市场因此发生重大转变。至2008年底，美国失业率跃至7.2%，2009年更是遭遇10%的新高。据ILO统计（2008年），失业率增加在世界多地屡见不鲜。随着失业率攀升，1997年至2007年间全球就业率稳健增长的形势在2008年和2009年急转直下。

2.传媒行业就业形势

以上关于全球就业形势的回顾和讨论让我们不由想到：传媒领域的就业形势如何？本章将着重从美国的传媒经济出发，挑选具有代表性的行业对就业问题加以讨论。美国是世界上最大的发达国家之一，因此也是世界上就业人口最庞大的国家之一，在2009年11月，美国除农业和军事领域以外的就业人口估计有1.388亿人之多。

在未来相当长一段时间内，美国的传媒产业在世界都将处于领先水平，其在广播、电视、电影、报纸、书刊、网站等领域的巨大内容产品数量无疑都证明了这一点。好莱坞及其他地区传媒产品在世界范围内的影响力也为美国赢得了"娱乐经济国家"的头衔（Wolf，1999）。

然而，不论在美国还是其他国家，关于传媒就业问题的学术文献相当少。既有的研究关注与刚毕业大学生求职相关的调查，其中几项研究是从企业对特定岗位技能要求的角度进行探讨。基于数据的就业形势方面的论文相当有限，许多传媒领域的行业协会也缺乏准确及时的就业数据。因此，本章通过分析1990年至2009年间长达17年的一些就业数据，力求获得对美国传媒就业情况的一些整体了解。首先，我们来回顾并讨论一下已有的相关文献。

Becker（1992）研究发现，1990年美国新闻和大众传媒专业的毕业生失

业率升高，其原因可能是国家经济衰退以及劳动力市场中该专业毕业生饱
和。Giles（1993）从新闻报道、广告、招聘等方面探讨了报纸行业的发展趋
势，报纸行业面临着如何管理劳动力，尤其是如何评估员工表现和技术水平
等新的挑战。

Hilt和Lipschultz（1996）对新闻编辑室所需要的职业技能准备进行了研
究。研究对两个群体进行了调查，一组是相关专业的学生，另一组是行业的
猎头经理。此项研究对新闻专业的传统课程设置提出了质疑，就提高新闻教
育的针对性和有效性使人们获得了启发。

Becker、Lauf和Lowrey（1999）研究了新闻和大众传媒专业劳动力市场
中鼓励政策和招聘实践的相关性。此项研究旨在评估社会政策的效果，并推
动社会组织理论的发展。该研究得出的结论是，种族和民族对求职成功有重
要影响，新闻和大众传媒行业仍然需要积极推进防止种族及性别歧视的行动
计划。

Farhi（2006）的调查显示了2006年报业雇员面临的严峻形势。审视报
业经历的风风雨雨，Farhi告诫报业需要秉承时效性的传统，同时还要与时
俱进、改革创新以应对来自其他传媒行业的竞争。

Speckman（2006）研究发现，新闻业的初级岗位较前5年增多，就业市
场回暖，有利于刚毕业的大学生，但中级岗位数量有所减少。

3.美国就业形势

为了更好地了解美国传媒的就业形势，首先有必要了解一下美国的基本
就业情况。要想了解美国各领域的就业情况，最可靠的数据来源是一家政府

机构——"劳工统计局"（英文简称BLS）。BLS汇总了各行业的大量数据，是美国劳动力就业情况的主要数据来源。

掌握美国各行业的总体就业人数有助于了解美国的就业形势。由图 11.1 可见，至 2009 年底，美国居民就业人数约为 1.38 亿人（包括所有私人企业、各州及地方政府的工作人员，联邦政府、军队、农业人员不在其中）。2000 年以前居民就业呈缓慢攀升趋势，随后小幅下滑，之后再度上升，2007 年达到峰值 1.46 亿人，2008 年因全国经济衰退明显下降。

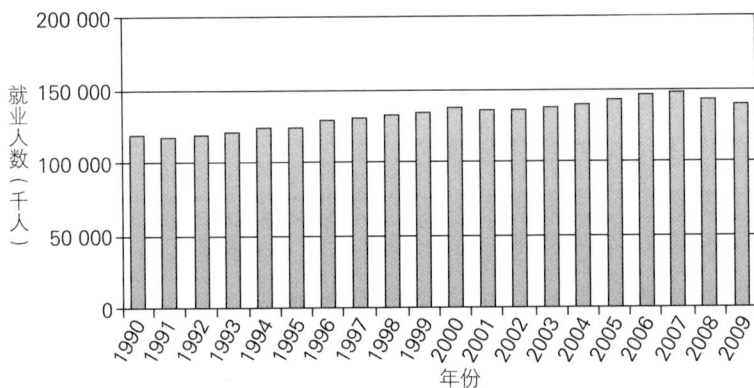

图 11.1　美国居民就业情况（1990—2009 年）
来源：Bureau of Labor Statistics.

失业率常被用作衡量劳动力问题的另一标尺。失业率用一个简单的百分数表示，反映多大比重的居民处于失业状态。退休人员、自主选择不就业人员以及未满工作年龄人员不计在失业人数中。如图11.2所示。

历史上，美国失业率平均维持在5%上下，经济衰退的年份失业率较之更高。1990年以来美国失业率有所上升，在1992年达到7.4%的高点，而在

2000年回落至3.9%的低点。然而，至2008年失业率急剧上升，并在2009年10月骤升至10.2%。失业率数据受政界、工会及其他就业机构等多方关注，失业率已不仅是经济问题，更成为政治问题。

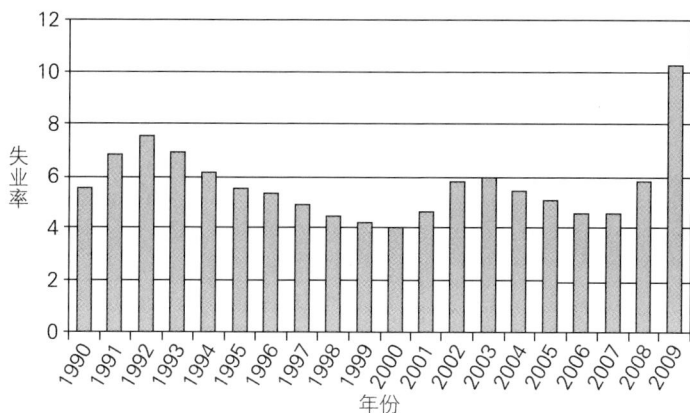

图11.2　美国居民失业情况（1990—2009年）

来源：Bureau of Labor Statistics.

4.美国传媒行业就业形势

美国劳工统计局将与传媒相关的就业统计纳入到广义行业分类的"信息"业中。信息部门包括出版行业、广播电视行业、电影和录音行业、电信行业、数据处理、托管及相关服务行业，以及其他信息服务行业。1990年，美国信息部门总就业人数为269万人，2001年3月达到峰值371万人，但在2008年底又降至295万人。2008年，美国就业总人数为1.44亿人，也就意味着信息部门的劳动力占总劳动力的比重约为2%。

下面我们来进一步了解一下美国劳工统计局所使用的信息部门分类中的6个子行业。

4.1 出版行业

根据美国劳工统计局的划分，出版行业又包括多个子行业，如报纸、杂志、图书出版等，网络出版不包括在此。据美国劳工统计局的数据（如图11.3所示），出版行业的就业峰值出现在2000年，就业人数超过100万人。2000年之后，出版行业就业人数明显缩减，2001年较上年降低4.9%，2002年降低4.3%，2003年降低3.9%。随后4年间（即2004年至2007年），出版行业就业人数再度减少2.4%。2008年进一步减少4.1%至85.6万就业人数，而到2009年时，就业人数已不足80万人。

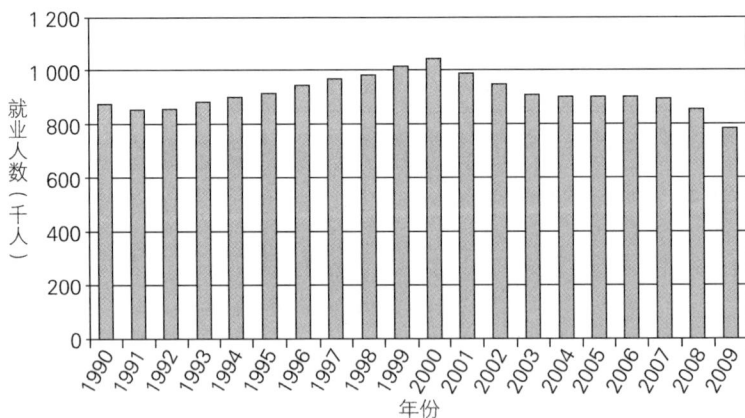

图 11.3 出版业就业情况（1990—2009年）

来源：Bureau of Labor Statistics.

4.2 广播电视行业

在这一领域，美国劳工统计局的数据并不像出版业这般具有广泛性和包容性。与出版行业相似，广播电视行业就业峰值也出现在2000年至2001年，期间就业人口超过34万人。

2002年以后，该行业就业人口每年以一定数量减少，主要是由广播电视行业为压缩成本而削减员工造成的。至2009年，广播电视行业就业岗位降至30万个以下，是1994年以来最低水平。如图11.4所示。

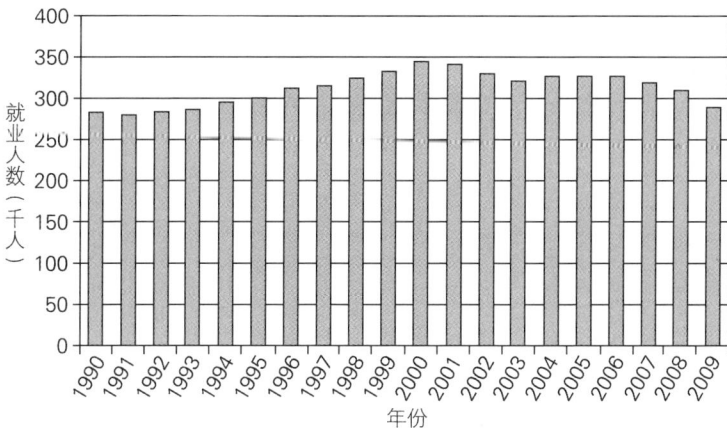

图 11.4 广播电视行业就业情况

来源：Burnau of Labor Statistics.

4.3 电影和录音行业

美国劳工统计局将电影行业和录音行业的就业数据结合在一起进行统计，这就给我们进行深入分析带来一定困难。相关统计还包括电影和录音行业的众多子行业，例如，电影行业中纳入了制片业、电影院以及电影相关服务业的就业数据，而录音行业也将制作人、技师等多种技术人员涵盖其中。该行业的就业峰值出现在2003年，为38.5万人，但此后一直维持相对平稳的趋势。如图11.5所示。

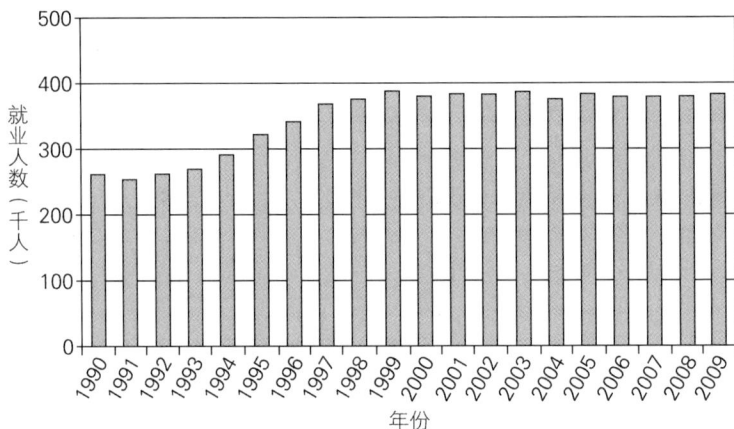

图11.5　电影和录音行业就业情况（1990—2009）
来源：Burnau of Labor Statistics.

4.4　电信行业

　　电信行业由多个子行业组成，这些子行业对理解传媒经济的就业情况至关重要。美国劳工统计局的数据显示，电信行业的子行业包括电话（固定电话和无线电话）服务行业、网络电话（即VOIP）服务行业、有线和卫星传输行业，以及互联网接入服务行业。图11.6描述了20世纪90年代以来电信行业的就业情况。

　　电信行业占据了传媒就业市场中的最大份额，其增长动力来源于移动电话、网络电话、网络视频、互联网接入服务以及有线电视、卫星电视和IP-TV的快速发展。该行业就业峰值出现在2000年，约为146万个就业岗位。

此后就业岗位逐渐减少，至2009年就业岗位减少超过40万个，仅有不足100万个。与其他行业类似，就业岗位减少与经济衰退及其引发的人员裁减有关。

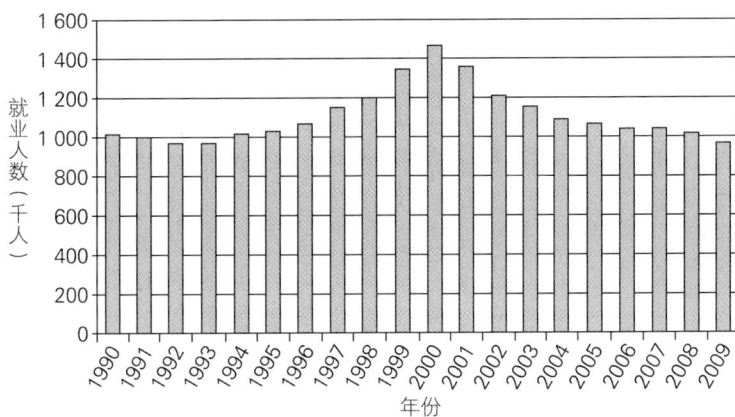

图 11.6　电信行业就业情况（1990—2009）

来源：Burnau of Labor Statistics.

4.5　数据处理、托管及相关服务行业

美国劳工统计局此前将该子行业称为"网络服务、网络搜索和数据处理服务行业"，但在2007年变更为"数据处理、托管及相关服务行业"。该行业的数据如图11.7所示。

从1990年到2000年，该行业就业岗位从20余万个快速增至31.8万个，涨幅达50%。但2000年后就业岗位明显缩减，至2009年11月，就业岗位减少近5.7万个。就业机会减少的部分原因在于2001年网络泡沫的破灭，而与其他行业一样，2008年和2009年的经济衰退也使该行业丧失了众多就业机会。

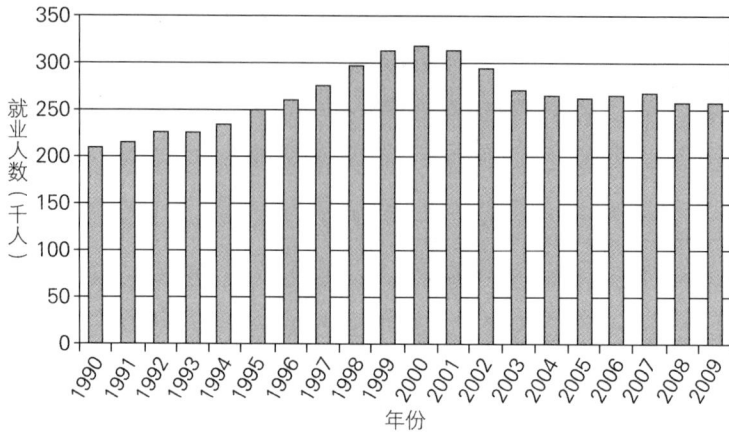

图 11.7　数据数处、托管及相关服务行业就业情况（1990—2009）
来源：Burnau of Labor Statistics.

4.6　其他信息服务行业

　　其他信息服务行业是信息部门的最后一个子行业，该行业也包含了多个对研究传媒就业情况至关重要的领域。其他信息服务行业包括网络搜索门户、网络出版以及图书馆和档案管理等方面。如图 11.8 所示，1990 年，该行业只有 6 万个就业岗位，而 10 年后就业岗位已突破 15.8 万个。和其他相关行业一样，2000 年后网络泡沫破灭导致该行业就业机会大幅缩减，2001 年就业岗位减少超过 2.5 万个，2002 年更是减少超过 2.6 万个。但是到 2008 年时，该行业就业形势已有所缓和，至 2009 年末，就业岗位再度增加至约 13.5 万个。

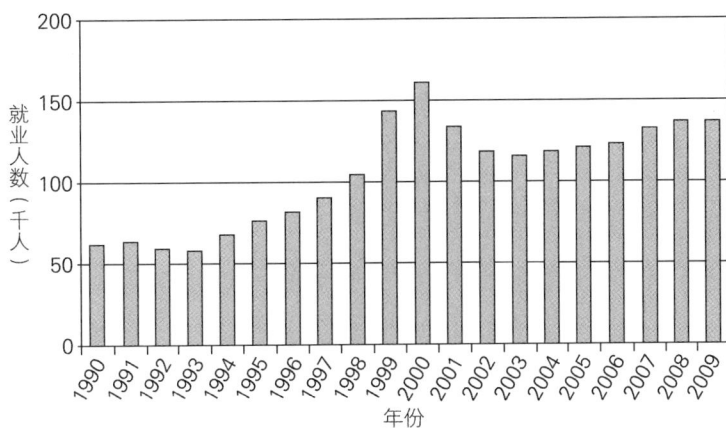

图11.8　其他信息服务行业就业情况（1990——2009）

来源：Burnau of Labor Statistics.

5.讨论与结论

　　本章以美国劳工统计局的公共数据为基础，对1990年至2009年间美国传媒各领域的就业情况进行了描述。为了了解美国的整体就业情况，本章首先列示了美国就业的基本数据，并回顾了1990年至2009年间的失业水平。同其他许多经济体一样，与就业情况密切相关的消费者支出是美国经济发展的主要驱动力。

　　2009年末，美国全国就业人口约为1.39亿人。同时，在信息部门6个子行业工作的人口约为290万人。也可以说，传媒部门就业人口约占全国总就业人口的2%。正如我们在第1章里看到的，2008年美国传媒产业贡献了全国GDP的2.66%。可见，传媒产业以2%左右的就业人口却贡献了超过2%的GDP，这表明了美国传媒产业经营效率颇高。需要注意的是，第1章中关于传媒产业产值的计算并不包含电信行业。世界银行 2007 年的数据（最新数据）显示，美国电信行业贡献了美国 GDP 的 3.1%（世界银行，2009）。因此，我们可以估计，如果将电信行业的产值计入，传媒产业总产值或占到全国 GDP 总量的 5.6%～5.7% 左右，那么传媒经济对全国 GDP 的影响就更加突出了。

本章提到传媒部门各个行业，多个行业就业呈现负增长或零增长的态势，以下将对导致传媒就业机会减少的几个因素进行讨论。

企业合并是其中一个关键因素。20 世纪 90 年代美国经济扩张时期，大量兼并收购导致企业裁员以减少职责重复的工作岗位。由于雇佣员工是企业最大的开支之一，所有企业都不得不想方设法削减工资、控制成本，传媒领域当然也不例外。

技术发展也是导致就业机会减少的一个因素，传媒领域尤其如此。比如，如今一则电视新闻通常只需要一名记者在当地报道——他负责拍摄、剪辑，并上传至网络。而仅仅就在几年以前，同样一则报道需要一名记者、一名摄像、一名灯光人员，甚至还需要一名编辑。数字技术使企业能以更少的员工完成繁琐的工作，这也促使企业精简团队、选拔能够身兼数职的人才。

全球化也是一个因素。美国是世界上雇佣成本最高的国家之一，众多行业协会和劳工组织积极活动以争取更高的薪酬。正是由于这一原因，电影行业出现了"外逃制片"的模式，即到美国本土以外拍摄电影。可能的话，其他的一些工作也将被外包到其他国家以节省资金。

最后，经济形势显然也是影响传媒就业的一个因素。如果经济步入衰退，就业岗位就会减少。据美国劳工统计局估计，从 2008 年到 2009 年，美国就业人数从 1.44 亿人下降至 1.39 亿人，期间共损失了 500 万个就业机会。据《广告时代》报道，自 2000 年以来美国传媒领域已削减了超过 19.6 万个岗位，其中，报业削减岗位最多，预计超过10.97万个（《广告时代》，2008）。

以上这些变化对传媒的未来有何影响？显然，传媒部门将不断追求以更少的投入获得更大的产出。在此背景下，就业机会将会持续趋紧。截至2008年底，已有若干传媒企业遭遇破产（见第11章），如报业的论坛公司和广电业的帕帕斯公司。在今后几年中，一些广播和报纸企业很可能不复存在，可以预见，传统媒体的就业市场将会进一步缩减。

6.讨论以下问题

（1）2008年经济衰退对美国和全球就业形势有何影响？

（2）为什么对传媒经济劳动力和就业问题的研究非常少？

（3）2001年以后，美国传媒领域的多数行业就业呈平和或负增长趋势。造成这一就业形势的原因是什么？从这些数据中，你能看出求职者面临着哪些挑战？

（4）本章的结论表明，美国传媒产业对该国GDP增长起到了积极作用，得出这一结论的根据是什么？试作讨论。

（5）结合本章所学，请你从就业机会这一角度为有志于投身传媒领域的求职者提供一些建议。你是否认为一些行业较其他行业更容易就业？这些行业都有哪些？请给出理由。

第12章
展望传媒经济的未来

本章中你将学到：

- 关于传媒经济，我们了解多少；

- 为什么说传媒经济正在经历转型；

- 什么是"新常态"，如何将其运用到传媒经济中；

- 关于传媒经济未来研究的几点建议。

本章对全书进行了归纳和总结，旨在梳理传媒经济的既有知识体系，并为未来研究提出一些建议。我们必须认识到传媒经济在持续演进，并且其所做的不断适应和变化是对本书所述的几个推动力量的反应。因此，我们永远无法准确描述此时此刻的传媒经济，但可以通过洞悉传媒经济的走向更好地理解它是怎样发展变化的。

1. 传媒经济研究述要

传媒经济研究始于20世纪50年代，目前已取得了丰富的研究成果。通过对过去60年研究成果全面深入的分析，我们总结出以下一些关键点：

- 尽管从宏观经济学、微观经济学和批判视角对传媒经济的研究不断深入，但已发表的学术成果多只从单一角度出发，多视角的研究仍然不足。

- 由于国家层面有效数据的缺乏，宏观视角的研究仍然不足，尽管各国研究人员通过网络共享资源已使这一情况有所改善，数据有限的难题仍有待解决。

- 目前运用于研究传媒经济的多数理论都来自其他领域，其中经济学理论作出了主要的贡献。传媒经济领域在自身理论发展上已取得一些进展，但建立和完善一套准确把握传媒经济本质的理论仍然任重道远。

- 传媒经济研究的方法论工具已日臻完善，但数字化时代在带来挑战的同时，也给方法论的进一步发展带来机遇。在传媒经济的一些特定研究领域（如全球和国家层面），仍然需要更好的研究工具和更可靠的数据支撑。

● 聚焦于出版、广播等传统媒体的研究成果较为丰富，针对数字和新媒体的研究也不断增长。接下来，多数研究将关注于新媒体及其对传统媒体的持续影响。

● 北美、西欧、澳大利亚及日韩等亚洲国家已取得较为丰富的研究成果；亚洲、非洲及中东地区是21世纪最具研究潜力的地区。

● 近年来，传媒经济研究日益为政策制定者所关注，各国政府都面临着如何定义市场、如何评估竞争度以及如何完善未来的管制等难题。

2.转型中的传媒经济

显然，传媒经济正处于转型期。转型就是某个事物的形态发生变化的行为或过程。在传媒经济的转型中，传统媒体不断向新型数字平台过渡，商业模型不断完善以适应新的市场需要，新型传媒企业不断涌现。

本书探讨了技术、全球化、管制、社会等因素如何共同影响传媒经济的转型进程。如何定义市场，已成为监管者面临的新的挑战。我们对市场的理解需要进一步拓展，对技术创新需要保持更多的敏锐性。每时每刻，供应商都在传媒经济的各个层面源源不断地提供产品和服务，可以说传媒经济中的市场无处不在。

消费者也在转型进程中扮演重要角色。在家中、在工作中、在路上，消费者无时无刻不在采用并接纳技术创新。消费者在传媒经济转型进程中起着关键作用，这不仅体现在消费者品味和偏好对传媒产品种类的选择上，还体现在消费者在传媒相关产品和服务的时间分配（关注程度）和资金支出上。

由于技术创新持续不断，同时传媒领域拥有一批创业型人才，传媒经济的转型可能永远不会结束。传媒经济处于不断演变发展的转型中，各个层面无时无刻不在发生新的变化，这不仅影响着提供传媒产品和服务的企业，同时也影响着消费这些产品和服务的对象——广告商和消费者。

3.新常态与未来动向

始于2007年秋并持续至2009年下半年的全球经济衰退，使人们意识到金融和经济领域已经发生了不可逆转的改变。一个用以描述该形势的新词汇诞生——新常态。究竟谁是首个提出"新常态"这个概念的人，作者已无从查考。如果在搜索引擎中输入"新常态"，你会得到成千上万条相关链接，却没有一条能够准确告诉你谁是首个提出该术语的人。不过较之这个问题而言，我们更关心的是发掘新常态对于传媒经济的意义。

传媒经济的新常态意味着各领域、各层面经营活动的变革。以下是传媒经济呈现新常态的几个领域：

● 传统传媒行业（除电视业外）在广告收入方面可能已达到峰值，这就意味着传媒经济众多领域的广告收入将呈现缓慢持续下降的新常态。新型传媒行业（主要指互联网以及依托订阅或按次付费模式运营的选择性数字平台等）在广告收入方面有望继续增长。

● 广告的萎缩给报纸、广播、杂志和地方电视台带来巨大难题，这些行业在严格控制成本的同时不得不寻找新的收入来源。对于这些领域来讲，新常态意味着收益减少，甚至在消费者群体中的认知度也会大大降低。

- 社交媒体将会成为其他传媒领域发展的驱动力，所有企业都应对社交媒体高度重视，充分发挥社交媒体的作用以提高传媒产品和服务的吸引力和认知度。社交媒体还将成为传媒企业增加广告收入的渠道之一。

- 除了社交媒体行业，移动媒体行业也将持续增长，这主要归功于智能手机的不断推广。此外，视频行业也将成为传媒发展的一个重要引擎。

- 基于订阅和按次收费服务的新型商业模式还需要进一步完善，实现更强的可持续性，以适应不断变化发展的市场竞争环境。

- 我们已经看到许多报纸企业被迫停业，许多小型传媒企业也将面临同样的命运。从某些方面来看，这将有助于清除市场中的过剩产能，通过牺牲部分企业，使幸存下来的企业从中受益。

- 旧常态的趋势是传媒企业趋于扩大规模与合并，而新常态的趋势则是发展核心业务、剥离与主业没有互补性的资产，企业分拆将会变得更加普遍。

- 消费者决定着消费选择，因此消费者还将是传媒经济发展的驱动力之一，未来消费者在消费时间、地点的选择上将会有更大自主性。智能手机正迅速成为多数消费者首选的接收技术，也是消费者接入互联网和其他数字平台的首要途径。

4.对未来研究的建议

传媒经济正在经历着转型，同时日益呈现出"新常态"，因此在21世纪，传媒经济研究的重要性与日俱增。未来研究需要从公共和私人部门出发，更深入地理解传媒经济，要不断洞悉新模式新走向、检验新理论新假设、评估新型商业模型的价值，以及理解消费者群体新的消费模式和行为。

以下是针对传媒经济未来研究方向和合作研究的几点建议：

● 传媒经济研究应置于更广阔的社会背景下，结合监管、全球化、科技、人口等因素开展。这为跨领域跨学科研究提供了机会，其他应涉足的领域包括但不限于政治学、人类学、社会学、工程学、法学等。

● 传媒企业需要在研究上投入更多资金，以保持、提升在竞争激烈、高度分化的市场中的优势地位。企业间的合作研究可以提高研究质量，减少研究成本，惠及研究各方。

● 传媒经济研究务必全方位多层次展开，从全球层面到个人层面都应覆盖。研究过程中应适时发展新的理论和方法论，研究人员要敢于质疑，勇于探索未知领域，不囿于既有研究方法和模型。

● 传媒经济研究将从诸如内容、发行等更广阔的视角进行，而不仅仅停留于传统的出版、广电、娱乐等行业视角。新的视角不仅更适于研究，而且更符合市场发展的需要。

从以上不难看出，传媒经济研究的未来既潜力无限又任重道远。学界和行业研究人员可以在此前60年研究成果的基础上，探索出新的研究路径。同时，企业与学术机构也拥有前所未有的合作契机，一旦传媒发展遭遇困难，企业与学术机构的合作将为创新发展提供许多新的可能。

5.总结

作为本书最后一章，本章试图为读者总结归纳本书中的主要观点。首先，对传媒经济的既有知识体系进行了回顾，并对已有的研究进行了评论。其次，对传媒经济转型作了简要讨论，并指出转型进程是一个永不停息的持续现象。再次，对"新常态"的概念进行了阐释，并试图探讨新常态对于传媒经济的意义。最后，指出了未来研究的几个方向，并就此提出了一些指导建议。

作者衷心希望《传媒经济》一书带给正在阅读的你一些新的视角和启发，在理解和分析传媒经济时助你一臂之力。特别需要指出的是，如果你对传媒经济研究有更多的体会，欢迎参与我们的讨论，你可以登录该主题的博客（http://themediaeconomy.blogspot.com/或 http://twitter.com/themediaeconomy）与我们分享你的见解和观点。

6.讨论以下问题

（1）如何描述当前传媒经济研究的现状？请指出其成效与不足。

（2）本章指出传媒经济正处在转型期，对此应如何理解？你是否赞同这一观点？

（3）传媒经济中的"新常态"有哪些表现？你是否还发现其他方面的新常态？如果有，请举例说明。

（4）本章最后为未来的研究提出了一些建议，你是否能为传媒经济研究提出几点建议？

参考文献

About.com:US economy.(2009).*What are the components of GDP?*Retrieved October 25,2009,from http://useconomy.about.com/od/grossdomesticproduct/f/GDP_Components.htm

About G - 20.(n.d.).Retrieved September 15,2009,from http://www/g20.org/about_what_is_g20.aspx

Advertising Age. (2008,December 29). *Media jobs? Depressing.*Retrieved December 31,2008,from http://adage.com/article?article_id=133496

African - American TV usage and buying power highlighted by Nielsen.(2007,October 18).Retrieved October 21,2009,from http://en - us.nielsen.com/main/news/news_releases/2007/october/african-american_tv

Albarran,A.B.(2002).*Media economics:Understanding markets,industries and concepts* (2nd ed).Ames,IA:Blackwell.

Albarran,A.B.(2003).U.S.media concentration:The growth of megamedia.In A.Arrese (Ed.),*Empresa informativa y mercados de la comunicacion.Estudios en honor del Prof.Alfonso Nieto Tamargo*(pp.63 - 74).[Translation:Management and markets of communication studies for honor of Prof.Alfonso Nieto]Pamplona,Spain:EUNSA.

Albarran,A.B.(2004).Media economics.In J.Downing,D.McQuail,P.Schlesinger,& E. Wartella(Eds.),*Handbook of media studies*(pp.291-308).Thousand Oaks,CA:Sage.

Albarran,A.B.(2008).Media employment in the United States:An examination of selected industries.Feedback,49(1),4-12.

Albarran,A.B.(2009).*Management of electronic media*(4th ed.).Belmont,CA:Wadsworth.

Albarran,A.B.,& Arrese,A.(2003).*Time and media markets.*Mahwah,NJ:Lawrence Erlbaum.

Albarran,A.B.,& Dimmick,J.(1996).Concentration and economies of multiformity in the communication industries.*Journal of Media Economics,9*(4),41-50.

Albarran,A.B.,& Patrick,W.L.(2005).Models of broadcast station valuation:Review and analysis.*The Journal of Radio Studies,12*(1),3-13.

Albarran,A.B.,& Porco,J.(1990).Measuring and analyzing diversification of corporations involved in pay cable.*Journal of Media Economics,3*(2),3-14.

Albarran,A.B.,& Umphrey,D.(1993).An examination of television viewing motivations and program preferences by Hispanics,Blacks,and Whites.*Journal of Broadcasting and Electronic Media,37*(1),95-103.

Albarran,A.B.,& Umphrey,D.(1994).Television viewing motivations and program preferences among ethnic adults:Results of a longitudinal study.*Southwestern Mass Communication Journal,10*(1),65-75.

All-time worldwide box office.(n.d.).Retrieved June 30,2009,from http://www.imdb.com/boxoffice/alltimegross?region=world-wide

Anderson,C.(2006).*The long tail:Why the future of business is selling less of more.*New York:Hyperion.

Anderson,C.(2009).*Free:The future of a radical price.*New York:Hyperion.

Arbitron,Inc.(2008).*Hispanic radio today.*Retrieved September 1,2008,from http://www.arbitron.com/downloads/hispanicradiotoday08.pdf.

Asian persuasion.(2008,November).Retrieved October 21,2009,from http://en-us.nielsen.com/main/insights/consumer_insight/issue_12/below_the_topline Association of American Publishers.(2008).*Industry Statistics 2007.*Retrieved October 8, 2009,from http://www.publishers.org/main/IndustryStats/indStats_02.htm

Bad news for some.(2009,June 6).*The Economist,*p.37.

Bagdikian,B.(2004).The new media monopoly.Boston:Beacon Press.

Bain,J.S.(1959).*Industrial organization.*New York:Wiley.

Bates,Benjamin J.(1993).Concentration in local television markets.*Journal of Media Economics,6*(1),3-22.

Bates,B.J.,& Chambers,T.(1999).The economic basis for radio deregulation.*Journal of Media Economics,12*(1),19-34.

Becker,L.(1992),Finding work for graduates was more difficult in 1990.*Journalism Educator,47*(2),65-73.

Becker,L.,Lauf,E.,& Lowrey,W.(1999).Differential employment rates in the journalism and mass communication labor force based on gender, race, and ethnicity:Exploring the impact of affirmative action.*Journalism & Mass Communication Quarterly,76*(4),631-645.

Berryman,B.(2004).Review of radio studies teaching:From on-air to the Web:Redefining the radio producer.*Radio Journal:International Studies in Broadcast & Audio Media,2*(2),118-120.

BIA's the Kelsey Group forecasts.(2009,February 24).Retrieved November 11,2009, from http://www.reuters.com/article/pressRelease/idUS181215+24-Feb-2009+PRN20090224

Burgess,J.,& Green,J.(2009).*YouTube:Online video and participatory,culture.*Malden,

MA:Polity.

Busterna,J.C.(1988).Welfare economics and media performance.*Journal of Media Economics,1*(1),75-88.

Central Intelligence Agency.(2009a).*The world factbook*.Rerrieved October 17,2009, from https://www.cia.gov/library/publications/the-world-factbook

Central Intelligence Agency.(2009b).*The world factbook*.Retrieved November13,2009, from https://www.cia.gov/library/publications/the-world-factbook

Chakravartty,P.,& Sarikakis,K.(2006).*Media policy and globalization*.New York:Palgrave Macmillan.

Chan-Olmsted,S.M.(1998).Mergers,acquisitions,and convergence:The strategic alliances of broadcasting,cable television,and telephone services.*The Journal of Media Economics,11*(3),33-46.

Chan-Olmsted,S.M.,& Albarran,A.B.(1998).A framework for the study of global media economics.In A.B.Albarran & S.M.Chan-Olmsted (Eds.),*Global media economics: Commercialization,concentration,and integration of world media markets*(pp.3-16).Ames:Iowa State University Press.

Chan-Olmsted,S.,& Chang,B.(2003).Diversification strategy of global media conglomerates:Examining its patterns and determinants.*Journal of Media Economics,16*(4), 213-233.

Chavez's bugbear.(2009,June 27).*The Economist*.p.45.

Cherry,B.A.(2006).Regulatory and political influences on media management and economics.In A.B.Albarran,S.M.Chan-Olmsted,& M.O.Wirth(Eds.),*Handbook of media management and economics*(pp.91-111).Mahwah,NJ:Lawrence Erlbaum.

Chipty,T.(2001).Vertical integration,market foreclosure,and consumer welfare in the cable television industry.*American Economic Review,91*(3),428-453.

Collins,J.,& Litman,B.R.(1984).Regulation of the Canadian cable industry:A comparative analysis.*Telecommunications Policy,8*(2),93-106.

Cooper-Chen,A.(2005).*Global entertainment media:Content,audiences,issues*.Mahwah,NJ:Lawrence Erlbaum.

Croteau,D.,& Hoynes,W.(2006).*The business of media:Corporate media and the public interest*.Thousand Oaks,CA:Pine Forge.

Datamonitor.(2008a).Media in China:Industry profile.New York:Author.

Datamonitor.(2008b).*Media in Germany:Industry profile*.New York:Author.

Datamonitor.(2008c).*Media in India:Industry profile*.New York:Author.

Datamonitor.(2008d).*Media in Japan:Industry profile*.New York:Author.

Datamonitor.(2008e).*Media in the United States:Industry profile*.New York:Author.

Davenport,T.H.,& Beck,J.C.(2001).*The attention economy:Understanding the new currency of business*.Boston:Harvard University Press.

Dimmick,J.(2003).*Media competition and coexistence:The theory of the niche*.Mahwah,NJ:Lawrence Erlbaum.

Dimmick,J.,McCain,T.,& Bolton,T.(1979).Media use and the life span.*American Behavioral Scientist,23*(1),7-32.

Dimmick,J.,& Rothenbuhler,E.(1984).The theory of the niche:Quantifying competition among media industries.*Journal of Communication,34*,103-119.

Dimmick,J.,& Wallschlaeger,M.(1986).Measuring corporate diversification:A case study of new media ventures by television network parent companies.*Journal of Broadcasting and Electronic Media,30*,1-14.

Downes,L.(2009).*The laws of disruption:Harnessing the new forces that govern life and business in the digital age*.New York:Basic Books.

Dupagne,M.(1994).Testing the relative constancy of mass media expenditures in the United Kingdom.*Journal of Media Economics,7*(3).1-14.

Dupagne,M.,& Green,R.J.(1996).Revisiting the principle of relative constancy.*Communication Research,23*(5),612-635.

Ekelund,R.B.,& Hebert,R.F.(1990).*A history of economic theory and method*(3rd ed.). New York:McGraw-Hill.

Ellul,J.(1964).*The technological society*.New York:Alfred A.Knopf.

Entertainment Merchant Association.(2009).2009 *annual report on the home entertainment industry*.Retrieved October 8,2009,from http://www.entmerch.org/annual_reports.html

Etayo,C.,& Hoyos,A.P.(2009).Advertising in Spanish language media.In A.B.Albarran (Ed.),*The handbook of Spanish language media*(pp.249-265).New York:Routledge.

Fact sheet.(n.d.).Retrieved October 16,2009,from http://factfinder.census.gov/servlet/ ACSSAFFFacts?_event=&geo_id=01000US&_geoContext=01000US&_street= &_county=&_cityTown=&_state=&_zip=&_lang=en&_sse=on&ActiveGeoDiv= &_useE V = &pctxt=fph&pgsl=010&_submenuld=factsheet_l&ds_name=DEC _ 2000_SAFF&_ci_nbr=null&qr_name=null&reg=&_keyword=&_industry=

Facts on policy.(2006,December 19).Retrieved October 22,2009,from http://www.hoover.org/research/factsonpolicy/facts/4931661.html

Fan,Q.(2005).Regulatory factors influencing Internet access in Australia and China:A comparative analysis.*Telecommunications Policy,29*(2−3),191−203.

Farhi,P.(2006).Under siege.*American Journalism Review,28*(1),26−31.

Fassihi,F.(2009,November 6).Revolutionary Guards extend reach to Iran's media.*The Wall Street Journal*,p.A19.

Find HD radio stations near you.(n.d.).Retrieved November 24,2009,from http://www.ibiquity.com/hd_radio/hdradio_find_a_station

Ford,G.S.,& Jackson,J.D.(2000).Preserving free television?Some empirical evidence on the efficacy of must-carry.Journal of Media Economics,13(1),1−14.

Friedman,T.L.(2005).*The world is flat:A briefhistory of the twenty-first century*.New York:Farrar,Straus,and Giroux.

Frommer,D.(2009,April 1).*Hulu revenue estimate whacked by a third*.Retrieved November 9,2009,from http://www.businessinsider.com/hulu-revenue-estimate-whacked-by-a-third-2009.4

Gantchev,D.(2008).The WIPO copyright framework:A basis for business and development.In E.Humphreys (Ed.),*International copyright and intellectual property law* (pp.93−110).JIBS Research Report Series No.2008−2.Jonkoping,Sweden:JIBS.

Garnham,N.(1990).*Capitalism and communication:Global culture and the economics of information*.London:Sage.

Gershon, R. A.(2005).*The transnationals*.In A.Cooper-Chen(Ed.),*Global entertainment media:Content,audiences,issues*(pp.17−38).Mahwah,NJ:Lawrence Erlbaum.

Giles,R.(1993).Change shapes trends in newspaper management.*Newspaper Research Journal,14*(2),32−39.

Goff,D.H.(2002).An assessment of the broadband media strategies of Western European telecoms.In R.G.Picard (Ed.),Media firms:Structures,operations and performance(pp.169−189).Mahwah,NJ:Lawrence Erlbaum.

Gomery,D.(1989).Media economics:Terms of analysis.*Critical Studies in Mass Communication,6*(2),43−60.

Gray,J.(1992).*Men are from Mars,women are from Venus*.New York:Harper Collins.

Griffin,J.(2005).*The United Kingdom*.In A.Cooper-Chen(Ed.),*Global entertainment media:Content,audiences,issues*(pp.39−58).Mahwah,NJ:Lawrence Erlbaum.

Gutierrez,M.E.(2009).Mexico.In A.B.Albarran(Ed.),*The hanabook of Spanish language media*(pp.34-46).New York:Routledge.

Ha,L.,& Ganahl,R.(2007).Webcasting as an emerging global medium and a tripartite framework to analyze emerging media business models.In L.Ha & R.J.Ganahl III (Eds.),*Webcasting worldwide:Business models of an emerging global medium* (pp.3-27).Mahwah,NJ:Lawrence Erlbaum.

Harwood,K.(1989).A surge in employment.*Feedback,30*(1),6-12.

HD radio broadcasting fact sheet.(2009).Retrieved November 24,2009,from http://www.ibiquity.com/press_room/fast_facts/hd_radio_broadcasting_fact_sheet

HD radio on your iPhone?There's an app for that.(2009).Retrieved November 24,2009, from http://www.hdradio.com/the_buzz.php?thebuzz=395

Hedges, M. (2009, September 23). The burting side of media oversupply. Retrieved September 25, 2009,from http : // www. followthemedia. com/numbers/oversupply23092009.htm

Hilt,M.,& Lipschultz,J.(1996).Broadcast newsroom hiring and career preparation.*Journalism & Mass Communication Educator,51*(1),36-43.

Hookway.J.(2009),September 14).Web censoring widens across Southeast Asia.*The Wall Street Journal.*p.A10.

Hoover's(2009a).*The DIRECTV Group,Inc.*Retrieved October 8,2009,from http://premium.hoovers.com/subscribe/co/factsheet.xhtml?ID=ctfkffhhrxhrft

Hoover's(2009b).*DISH Network,Corp.*Retrieved October 8,2009,from http://premium.hoovers.com/subscribe/co/factsheet.xhtml?ID=cchffxtkftxrcy

Höyer,S.(1968).The political economy of the Norwegian press.*Scandinavian Political Studies,3*(A3).85-143.

Interactive Advertising Bureau.(2009a).*IAB Internet advertising revenue report.*Retrieved October 8,2009,from http: // www.iab.net / media / file / IAB_PwC_2008 _ full _ year.pdf

Interactive Advertising Bureau.(2009b).*IAB Internet advertising revenue report.*Retrieved

November 9, 2009, from http://www.iab.net/media/file/IAB_PwC_2008_full_year.pdf

International Federation of the Phonographic Industry.(2008).*IFPI digital music report 2008.*Retrieved October 21,2009,from http://www.ifpi.org/content/library/DMR 2008.pdf

International Labour Organization.(2008).*Global employment trends 2008.*Geneva:Author.

International Telecommunications Union.(2009).*Brazil ends 2008 with 10 million broadband subscribers.*Retrieved November 13,2009,from http://www.itu.int/ITUD/ict/newslog/Brazil+Ends+2008+With+10+Million+Broadband+Subscribers.aspx

Iskold, A. (2007, March 1).*The attention economy: An overview.* Retrieved October 30, 2009,from http://www.readwriteweb.com/archives/attention_economy_overview.php

Jayakar,K.,& Waterman,D.(2000).The economics of American theatrical movie exports: An empirical analysis.*Journal of Media Economics,13*(3),153−169.

Jung,J.(2004).Acquisition or joint ventures:Foreign market entry strategy of U.S.advertising agencies.*Journal of Media Economics,17*(1),35−50.

Keynes,J.M.(1936).*The general theory of employment,interest and money.*London: Macmillan.

King.p.,& King,S.(2009).*International economics,globalization,and policy:A reader,* Boston:McGraw-Hill/Irwin.

Kranenburg, H. V., Hagedoorn, J., & Pennings,J. (2004). Measurement of international and product diversification in the publishing industry.*Journal of Media Economics, 17*(2),87−104.

Lanham,R.A.(2006).*The economics of attention:Style and substance in the age of information.*Chicago:University of Chicago Press.

Lee,C.,& Chan - Olmsted.S.M(2004).Competitive advantage of broadband Internet:A comparative study between South Korea and the United States.*Telecommunications Policy,28*(9),649−677.

Li,C.,& Bernoff,J.(2008).*Groundswell:Winning in a world transformed by social technologies.*Boston:Harvard Business Press.

Liu,F.,& Chan-Olmsted.S.M.(2003).Partnership between the old and the new:Examining the strategic alliances between broadcast television networks and Internet firms in the context of convergence.*The International Journal on Media Management,5*(1),47−56.

Lutzhöft,N.,& Machill,M.(1999).The economics of French cable systems as reflected in media policy.*Journal of Media Economics,12*(3),181−199.

Magazine Publishers of America.(2009).The magazine handbook:A comprehensive *guide*

2009/10.Retrieved   October   8,2009,from   http://www.magazine.org/ASSETS/ 088C8564EB9E4E978A69B183881AEF58/MPA-Handbook-2009.pdf

Mahmud,S.(2007,September 10).*ABC working to create Web distribution platform*.Retrieved February 20,2008,from http://www.mediaweek.com/mw/news/interactive/ article_display.jsp?vnu_content_id=1003637087

Market Research.(2009).*China - Telecoms,mobile,broadband and forecasts*.Retrieved November 13,2009,from http://www.marketresearch.com/product/display.asp? productid=2270484

Marx,K.(1936).*Capital:A critique of political economy*.New York:The Modern Library.

Marx,K.,& Engels,F.(1955).*The Communist manifesto*.New York:Appleton - Century Crofts.

McChesney,R.W.(2000).The political economy of communication and the future of the field.*Media,Culture & Society,22*(1),109-116.

McChesney,R.W.(2007).*Communication revolution:Critical junctures and the future of media*.New York:New Press.

McCombs,M.(1972,August). Mass, media in the marketplace.*Journalism Monographs*.24.

McCombs.M.,& Nolan,J.(1992).The relative constancy approach to consumer spending for media.*Journal of Media Economics,5*(2),43-52.

Micklethwait,J.,& Woolridge,A.(2000).*A future perfect:The challenge and hidden promise of globalization*.New York:Crown Books.

Mosco,V.(2009).*The poliltical economy of communication*.Los Angeles:Sage.

Motion Picture Association of America.(2009).*2008 U.S.theatrical market statistics*.Retrieved October 8,2009,from http://www.mpaa.org/2008% 20MPAA% 20Theatrical%20Market%20Statistics.pdf.

Murph,D.(2008,July 4).*Online TV viewing catching on,traditional TV watching still preferred*.Retrieved November 6,2009,from http://www.engadgethd.com/2008/07/ 04/online-tv-viewing-catching-on-traditional-tv-watching-still-pre/

Napoli,P.M.(2003).*Audience economics*.New York:Columbia University Press.

Nash,J.(1950).Equilibrium points in n-person games.*Proceedings of the National Academy of Sciences,36*(1),48-49.

National Cable & Telecommunications Association.(2009).*Cable industry revenue, 1996-2008*.Retrieved Otober 8,2009,from http://www.ncta.con/Stats/ Customer-

Revenue.aspx

Negroponte,N.(1996).*Being digital.*New York:Alfred A.Knopf.

Newspaper Association of America.(2009a).*Advertising expenditures.*Retrieved October 8,2009,from http://www.naa.org/TrendsandNumbers/Advertising - Expenditures. aspx

Newspaper Association of America.(2009b).*Advertising expenditures.*Retrieved November 9,2009,from http://www.naa.org/TrendsandNumbers/Advertising-Expenditures.aspxNielsen Company.(2009,October 15).*2009 media and communications trends:Ways to win in today's challenging economy.*Retrieved November 6,2009, from http://en-us.nielsen.com/etc/medialib/nielsen_dotcom/en_us/documents/pdf/webinars.Par.33055.File.pdf.

Noam,E.M.(2009).*Media ownership and concentration in America.*New York:Oxford University Press.

Noh,G.Y.,& Grant,A.(1997).Media functionality and the principle of relative constancy: An explanation of the VCR aberration.*Journal of Media Economics,10*(3),17–31.

O' Grady,M.A.(2009,October 26).Argentina's Kirchner targets the press.*The Wall Street Journal,*p.A17.

Organisation for Economic Co-operation and Development.(2008).*Total broadband users by country.*Retrieved November 13,2009,from http://www.oecd.org/document/54/0,3343.en_2649_34225_38690102_1_1_1,00.html

Owers,J.,Carveth,R.,& Alexander,A.(2004).An introduction to media economics theory and practice.In A.Alexander,J.Owers,C.A.Hollifield,& A.N.Greco(Eds.),*Media economics:Theory and practice*(pp.3–47).Mahwah,NJ:Lawrence Erlbaum.

Parrillo,V.N.(2009).*Diversity in America.*Thousand Oaks,CA:Pine Forge.

Patterson,M.,& Kraut,R.(1998).Interner paradox:A social technology that reduces social involvement and psychological well-being?American Psychologist,53,1017–1103.

Picard,R.G.(1989).*Media economics.*Newbury Park,CA:Sage.

Picard,R.G.(2001).Effects of recessions on advertising expenditures:An exploratory study of economic downturns in nine developed nations.*Journal of Media Economics,14*(1),1–14.

Picard,R.G.(2006).Historical trends and patterns in media economics.In A.B.Albarran,S.M.Chan-Olmsted,& M.O.Wirth(Eds.),*Handbook of media management and economics*(pp.23–36).Mahwah,NJ:Lawrence Erlbaum.

Picard,R.G.,& Gronlund,M.G.(2003).Development and effects of Finnish press subsidies,*Journalism Studies*,4(1),105–120.

Porter,M.E.(1980).*Competitive strategy:Techniques for analyzing industries and competitors*.New York:Free Press.

Radio Advertising Bureau.(2009).*Radio revenue trends*.Retrieved October 8,2009, from http://rad.com/public/pr/yearly.cfm

Ratings winners. (n.d.). Retrieved June 30, 2009, from http: // www. guinnessworldrecorlds. com / news / 2008/02/080228.aspx

Reardon,M.(2008,September 26).*Online TV viewing on the rise*.Retrieved November 6,2009,from http://news.cnet.com/8301–1023_3–1005220–93.html

Recording Industry Association of America.(2009).*2008 year-end shipment statistics*. Retrieved October 8,2009,from http://76.74.24.142/D5664E44-B9F7-69E0-5ABD-B605F2EB6EF2.pdf

Sanchez-Tabernero,A.(2006).Issues in media globalization.In A.B.Albarran,S.M.Chan-Olmsted.& M.O.Wirth(Eds.),*Handbook of media management and economics* (pp.463-491).Mahwah,NJ:Lawrence Erlbaum.

Scarborough Research.(2009).*The power of the Hispanic consumer online*.Retrieved March 20,2009,from http://www.scarborough.com/press_releases/The% 20Power%20of%20the%20Hispanic%20Consumer%20Online%20FINAL%203.19.09.pdf

Shah, D., Schmierbach, M., Hawkins, J., Espino, R., & Donavan,J.(2002).Non-recursive models of Internet use and community engagement:Questioning whether time spent online erodes social capital.*Journalism & Mass Communication Quarterly*,79(4),964–987.

Sheth,J.,& Sisodia,R.(2002).*The rule of three:Surviving and thriving in competitive markets*.New,York:Free Press.

Shirky,C.(2008).*Here comes everybody:The power of organizing without organizations*. New York:Penguin Press.

Silva,R,C.S.(2005).*Brazil*.In A.Cooper-Chen(Ed.),*Global entertainment media:Content, audiences,issues*(pp.183–202).Mahwah,NJ:Lawrence Erlbaum.

Siwek,S.E.(2007).*The true cost of copyright industry piracy to the U.S.economy*.Retrieved February 5,2008,from http://www.ipi.org/

Smith,M.R.,& Marx,L.(Eds.).(1994).*Does technology drive history?The dilemma of technological determinism*.Cambridge,MA:MIT Press.

Sohn,S.(2005).Inter-industry and intra-industry competition in satellite broadcasting:A comparative case study on the United States,Japan,England and France.*Journal of Media Economics,18*(3),167-182.

Sparks,C.(2007).*Globalization,development,and the mass media.*London:Sage.

Speckman,K.(2006).On the rebound.*Quill,94*(6),13-14.

Spending your licence fee.(n.d).Retrieved November 13,2009,from http://www.bbc.co.uk/info.licencefee/

Steinfield,C.,Bauer,J.M.,& Caby,L.(1994).*Telecommunications in transition:Policies,services and technologies in the European Community.*Thousand Oaks,CA:Sage. Switched off.(2009,August 8).*The Economist,*pp.32-33.

Tapscott,D.,& Williams,A.D.(2008).*Wikinomics:How mass collaboration changes everything.*New York:Portfolio.

Television Bureau of Advertising.(2009).*2008TV ad revenue figures.*Retrieved October 8,2009,from http://www.tvb.org/rcentral/adrevenuetrack/revenue/2008/ad_figures_1.asp

Tirole,J.(1998).*The theory of industrial organization.*Cambridge,MA:MIT Press.

Transformation.(n.d.).Retrieved March 3,2009,from http://www.merriam-webster.com/dictionary/transformation

TV viewing moves online.(2009,September 8).Retrieved November 6,2009,from http://www.conference-board.org/economics/consumerBarometer.cfm

Umphrey,D.,& Albarran,A.B.(1993).Using remote control devices:Ethnic and gender differences.*Mass Communication Review,20*(3/4),212-219.

U.S.Census Bureau.(2008),*Internet access revenue for cable and other program distribution reaches $11 billion.*Retrieved October 17,2009,from http://www.census.gov/Press-Release/www/releases/archives/economic_surveys/009572.html

U.S.Census Bureau.(2009).*Statistical abstract:Media usage and consumer spending: 2001-2011.*Retrieved October 14,2009,from http://www.census.gov/compendia/statab/

U.S.Copyright Office.(2005,May 25).*Piracy of intellectual property.*Retrieved July 25, 2008,from http://www.copyright.gov/docs/regstat052505.html

Veronis Suhler Stevenson.(2008).*Communications industry forecast.*New York:Author.

Viacom's MTV Networks and BET Networks implement new structure for linear and multiplatform content distribution.(2007,March 1).*The Culvert Chronicles,*p.16.Retrieved February 20,2008,from ProQuest database.

Vogel,H.L.(2007).*Entertainment industry economics*(7th ed.).New York:Cambridge University Press.

Waterman,D.(1993).A model of vertical integration and economies of scale in information product distribution.*Journal of Media Economics,6*(3),23−35.

Waterman,D.(2000).CBS-Viacom and the effects of media mergers:An economic perspective.*Federal Communications Law Journal,52*(3),531−550.

What is globalization?(n.d.).Retrieved June 27,2009,from http://www.globalization101. org/What_is_Globalization.html

Wildman,S.S.(2006).Paradigms and analytical frameworks in modern economics and media economics.In A. B. Albarran, S, M. Chan-Olmsted.& M.O.Wirth(Eds.)*Handbook of media management and economics*(pp.67−90).Mahwah,NJ:Lawrence Erlbaum.

Wirth,M.,& Bloch,H.(1995).Industrial organization theory and media industry analysis, *Journal of Media Economics,8*(2).1−15.

Wirth,M.,& Wollert,J.A.(1984,Spring).The effects of market structure on television news pricing.*Journal of Broadcasting,28*,215−225.

Wolf,M.J.(1999).*The entertainment economy.*New York:Random House.

Wood,W.C.(1986).Consumer spending on the mass media:The principle of relative constancy reconsidered.*Journal of Communication,36*(2),39−51.

World Bank,(2009).*World Bank:ICT at a glance.United States.*Retrieved January 9, 2009,from http://devdata.worldbank.org/ict/usa_ict.pdf

World Intellectual Property Organization.(2009).*Understanding copyright and related rights.*Retrieved November 15,2009,from http://www.wipo.int/freepublications/en/ intproperty/909/wipo_pub_909.html

Zhao,H.,Kim,S.,Suh,T.,& Du,J.(2007).Social institutional explanations of global Internet diffusion:A cross-country analysis.*Journal of Global Information Management,15* (2),35−55.

Zuckerman,G.(2009,September 11).Dividends,buybacks fall by the wayside.*The Wall Street Journal,*p.C1.